Rainer Kretschmer

Auweia!
Der wilde eingepfropfte Ölzweig
bin ja ich

www.**menander-verlag**.de

Bibliografische Information der Deutschen Bibliothek:
Die Deutsche Bibliothek verzeichnet diese Publikation in der
Deutschen Nationalbibliografie; detaillierte bibliografische Daten sind im Internet
über http://dnb.ddb.de abrufbar.

Erste Auflage 2017

MENANDER Verlag
ISBN 978-3-944584-34-8
www.menander-verlag.de
Druck: WIRmachenDRUCK GmbH

Rainer Kretschmer

Auweia! Der wilde eingepfropfte Ölzweig bin ja ich

INHALTSVERZEICHNIS

VORWORT

Der Apostel Kefa (Petrus) erklärt uns im 3. Kapitel der Apostelgeschichte im Vers 21:

„ER muss im Himmel bleiben, bis die Zeit kommt, in der alles wiederhergestellt wird, wie GOTT vor langer Zeit gesagt hat, als ER durch die heiligen Propheten sprach."

Etwas, was an vorderster Stelle auf der Wiederherstellungs-Agenda des ALLMÄCHTIGEN steht, ist die Versöhnung der weltweiten Gemeinde Jesu mit ihren biblisch-hebräischen Wurzeln. Aufgrund der fast zweitausend Jahre andauernden Entfremdung ist das eine nicht zu unterschätzende Aufgabe, die von uns – den ‚messianischen Juden' und euch, den ‚Christen aus den Nationen' vollbracht werden muss – *„dass sie alle eins sein mögen. So wie du, Vater, vereint bist mit mir."*

Rainer Kretschmers neues Buch behandelt genau diesen Aspekt des Wiederherstellungshandelns ADONAIS in unserer Zeit. Sein Buch ist auf dem deutschsprachigen Buchmarkt schon lange überfällig gewesen und ich bin dem ALLMÄCHTIGEN sehr dankbar, dass er den Autor inspiriert hat, es zu schreiben.

Nicht nur, dass mir dieses wichtige Thema bereits seit langem auf dem Herzen liegt – als Israeli, der eine lebendige Beziehung zu JESCHUA HAMASCHIACH hat, weiß ich, dass ein enormer Segen darin liegt, sich vom Heiligen Geist in diesen Reichtum des göttlichen Willens hineinführen zu lassen.

Hierfür einen Weg zu weisen ist die Absicht- und auch das Hauptverdienst dieses Buches, in dem es sehr praktisch, sehr konkret wird – und im besten Sinne des Wortes auch sehr herausfordernd.

Ich bete darum, dass möglichst viele Christen und Gemeinden im deutschsprachigen Raum, durch dieses Buch einen erstmaligen, oder vertiefenden Zugang zu den biblischen Wurzeln und dem ‚Saft des Ölbaums' finden – damit ihr Leben als ‚Miterbe' noch reichere- und reifere Früchte hervorbringen kann.

Doron Schneider
Publizist und Autor

Jerusalem am 13. Nissan 5777

Einführung des Verfassers

Um was geht es eigentlich im christlichen Leben? Es geht nicht nur darum, GOTT und SEINEN Sohn JESUS CHRISTUS zu kennen, sondern Ihm zu vertrauen, Ihm treu zu sein und viel Frucht zu bringen.

Und schon geht das große Abenteuer los: JESUS CHRISTUS oder doch vielleicht eher *JESCHUA* der MESSIAS? War der eher GOTT oder eher Mensch? Und wenn Mensch, warum dann Jude? Was habe ich denn eigentlich mit den Juden zu tun? Habe ich überhaupt etwas mit ihnen zu tun? Reicht es nicht, wenn ich ein guter Christ bin? Wenn ich täglich meine stille Zeit einhalte und regelmäßig in die Kirche gehe?

Soooo viele Fragen. Doch das Gute kommt jetzt: Es gibt Antworten! Auf all unsere Fragen hat GOTT bereits die Antwort gegeben. Die findest du in der Bibel! GOTT beantwortet deine und meine Fragen also in SEINEM Wort – völlig egal, welche!

Bei den Vorbereitungen zu diesem Buch landete ich irgendwann zwangsläufig bei Rabbi Scha'ul aus Tarsus (unter den Griechen auch als Apostel Paulus bekannt). Der schrieb in seinem Brief an die Gemeinde in Galatien:

> *„Da ist weder Jude noch Grieche, da ist weder Knecht noch*
> *Freier, da ist weder Mann noch Frau;*
> *denn ihr seid alle einer in CHRISTUS JESUS.“*

(Galater 3,28)

‚Denn ihr seid alle einer in CHRISTUS JESUS!' Damals scheint es diesen „neuen Menschen' in Galatien also bereits gegeben zu haben, denn Paulus schreibt ja „...ihr seid..." und nicht „...ihr werdet sein...".

Wo ist dieser neue Mensch aber heute zu finden? Im Christentum? Und wenn ja, in welcher Konfession und Denomination genau? Und was ist dann mit den messianischen Juden, dem ersten Teil des einen neuen Menschen? Wieweit her ist es mit dem ‚eins sein' heute, wenn diese - wie bisher leider geschehen – zu christlichen Kirchentagen ausgeladen werden?

Schnell wurde mir klar, dass es in meinem Buch nicht um das Verhältnis, die Sichtweise und die Standpunkte zwischen Christenheit und Judentum gehen sollte – die sind ja hinlänglich bekannt und nicht wirklich hilfreich. Ich entschied mich deshalb, ein ‚persönliches Buch' zu schreiben, in dem es um ‚deine und meine Sicht' dieser Thematik geht. Und vor allem darum, ob, und wie du in diesem Bereich den Willen GOTTES ‚geschehen' lassen kannst, um dem himmlischen Vater noch viel näher zu kommen, als du es jemals für möglich gehalten hättest.

Als das klar war, habe ich mir – anders als sonst – den Titel für das Buch schon überlegt, bevor ich mit dem eigentlichen Schreiben begann. So musste ich bereits in dieser Phase sehr tief ins Thema einsteigen. Solch ein Buchtitel soll ja schlagzeilenartig – sozusagen ‚auf den ersten Blick' – vermitteln, worum es geht. ‚Auweia! Der wilde Ölzweig bin ja ich' war meine erste Gedankenskizze, die ich auf einen Notizzettel kritzelte und für die ich mich letztendlich dann doch entschied.

Na gut – es kann sicherlich unterschiedliche Meinungen darüber geben, ob ein ernstzunehmendes Buch einen Titel haben sollte, der mit ‚Auweia!' beginnt. Wie auch

immer; ich habe mich dafür entschieden, weil so viel drin-
steckt, in diesem kleinen Wort. Es entstammt unserer
Umgangssprache und ist ein Ausruf des Erschreckens, der
Überraschung, des Bedauerns und/oder der Bestürzung.
Ich finde, es passt sehr gut zu diesem Buch.

Rainer Kretschmer

Braunschweig im April 2017

Die Bibelzitate entstammen, falls nicht anders vermerkt, der Schlachter 2000 Bibel.

LUST AUF SEIN WORT

Und – hast du Lust auf SEIN Wort? Wenn du hier „Ja" sagen kannst, dann bist du ein guter Christ!

Was tut ein guter Christ? Richtig - ein guter Christ folgt JESUS CHRISTUS nach! - Ist doch so, oder?

Ok, verstanden – die Nachfolge ist also wichtig, scheint aber auch gar nicht so einfach zu sein, denn wie so viele Christen vor mir, bemerkte auch ich auf meinem Weg, ein wirklicher Nachfolger Jesu zu werden, irgendwann die Widersprüchlichkeiten der uns allen so vertrauten griechischen Denkweise zur hebräischen Denkungsart, auf deren Grundlage das Wort GOTTES aufgeschrieben wurde. Die Gefahr, sich irgendwann im dichten religiösen Nebel von Betrachtungsweisen, Trinitätslehre und Ersatztheologie zu verlaufen, ist sehr, sehr groß. Nicht zufällig heißt es in den ersten zwei Versen von Psalm 1

Wohl dem, *der nicht wandelt nach dem Rat der Gottlosen, noch tritt auf den Weg der Sünder, noch sitzt, wo die Spötter sitzen,* **sondern seine Lust hat am Gesetz des HERRN und über SEIN Gesetz nachsinnt Tag und Nacht.**

Ist doch klar – wenn wir uns mit GOTTES Wort auseinander setzen, uns damit beschäftigen und ein bisschen nachdenken, dann beginnen wir zu verstehen, dass unsere Beziehung zu Israel kein Spezialthema älterer Glaubensgeschwister ist, die sich in ihrem Israelkreisen treffen und einmal im Jahr zum Israelsonntag ein Fähnchen mit dem Davidstern im Gottesdienst aufhängen dürfen – nein, es ist kein Spezialthema, sondern ein Grundbaustein deines- und meines Glaubens!

Und bitte glaube mir – dabei geht es nicht um oberflächliches Verständnis oder gar um einseitige Parteinahme für Israel – es geht um etwas viel Wichtigeres – etwas Entscheidendes:

Es geht um deinen- und meinen GOTT!

Es geht um JESUS!

Warum? Na, das ist doch klar: Wir können keine persönliche Beziehung zu JESUS haben, die losgelöst ist von den Juden.

Der ‚Leib JESU CHRISTI‘ in der Kraft GOTTES ohne die Juden ist nicht zu haben.

Genauso wird es auch die Vollendung von GOTTES Heilsgeschichte ohne die Juden nicht geben!

Es hat schon einige Jahre gedauert, bis diese Erkenntnis auch bei mir wirklich ‚verstoffwechselt' war, denn zu allererst musste ich IHN schließlich kennenlernen – den, der mich schon immer kannte; den, der etwas mit mir vorhatte, an das ich mich ohne SEINEN Beistand, ohne SEINE Führung und Hilfe niemals im Leben herangetraut hätte. ER ist es, der mich stark macht, denn…

Ich vermag alles durch den, der mich stark macht, Christus.

(Jeremia 29, 11)

VERTRAUEN ERFORDERT EINE ENTSCHEIDUNG

Allein der Gedanke, dass GOTT in SEINER grenzenlosen Liebe um das Vertrauen seiner Geschöpfe-, also auch um mein Vertrauen wirbt, macht mich heute fassungslos. Stell dir doch das nur mal vor: Der allmächtige- und allwissende SCHÖPFER des Himmels und der Erde; EL SCHADDÁJ – ER wünscht sich nichts mehr, als dein- und mein Vertrauen!

In der Bibel habe ich schon unzählige Male die entsprechenden Stellen gelesen:

Denn ich weiß, was für Gedanken ich über euch habe, spricht der HERR, Gedanken des Friedens und nicht des Unheils, um euch eine Zukunft und eine Hoffnung zu geben.

(Jeremia 29, 11)

Ruft ihr mich an, geht ihr hin und betet zu mir, dann werde ich auf euch hören.

(Jeremia 29, 12)

Das waren sehr viele Jahre tatsächlich einfach ‚nur Bibelstellen' für mich, die einige, von Gottes Geist inspirierte Menschen aufgeschrieben haben, damit du und ich sie auch heute noch nachlesen können. Alleiniges nachlesen bringt mich in meiner Beziehung zu GOTT allerdings keinen Schritt vorwärts. Der Schlüssel – das ‚Zauberwort' für persönliche Nähe und geistliches Wachstum heißt ‚Vertrauen'.

Doch ‚Vertrauen' kommt nicht einfach mal ganz zufällig bei mir vorbeigeflogen und landet dann leichtsinnigerweise für einen kurzen Zwischenstopp auf meiner Schulter:

„Hallo Vertrauen! Was willst du denn schon wieder hier bei mir? Ich habe dich doch neulich schon mal verjagt, weil ich mit dir nichts anfangen kann…"

Nein, nein – GOTT zu vertrauen ist immer eine ganz persönliche Entscheidung. Meine ganz persönliche Entscheidung! Je besser ich GOTT kenne, desto leichter wird mir diese Entscheidung fallen. Wenn ich weiß, dass GOTT durch und durch gut ist und er nur das Beste für jeden Bereich meines Lebens will, werde ich ihm einfacher vertrauen können, als wenn ich dem Irrglauben aufliege, dass GOTT streng ist, oder sogar unbarmherzig.

GOTT vertrauen bedeutet allerdings nicht, dass ich alle Verantwortung für mein Leben abgebe und nichts mehr selber tun muss. Vielmehr gebe ich ‚mein Bestes' und vertraue den Rest GOTT an. Natürlich muss ich mich bei einer Prüfung oder bei einem Vorstellungsgespräch selbst vorbereiten. Aber wenn ich es dann trotz aller Vorbereitung ‚vergeige‘, kann ich fest auf GOTT vertrauen, dass er trotzdem einen guten Weg für mich hat.

IHM zu vertrauen ist also meine Entscheidung ‚zu glauben‘, dass ER immer einen Weg – einen besseren Weg für mich hat – und dabei darf ich IHM zusätzlich auch noch meine Sorgen und Lasten überlassen. Halleluja!

In den folgenden Kapiteln dieses Buches erzähle ich dir von meinem Weg mit GOTT – von den unglaublich vielen ‚aha-Erlebnissen‘, die ER mir während der Beschäftigung mit SEINEM Wort schenkte und schenkt. Eines dieser ganz besonderen ‚aha-Erlebnisse‘ sollte nun zum Titel dieses Buches werden:

Auweia!
Der wilde eingepfropfte Ölzweig
bin ja ich

HIER BIN ICH HERR – SENDE MICH…SPÄTER

GOTT BERUFT NICHT DIE BEFÄHIGTEN

ER BEFÄHIGT DIE BERUFENEN Es war im Mai 1973, als Gertraud und ich heirateten – vormittags zum Standesamt, nachmittags in die Kirche. Das war damals ‚so üblich‘ und dort, wo ich herkomme, brach man nicht leichtfertig mit solchen Traditionen. Wir waren beide ‚evangelisch/lutherisch‘ und dass der Trauspruch, den uns der Pastor damals auf unseren gemeinsamen Lebensweg mitgab, steht im 5. Buch Mose, Kapitel 9, Vers 3 und lautet:

Du sollst wissen heute, dass der Herr, dein Gott vor dir
her geht, ein verzehrendes Feuer.

Da ich damals weder den VATER-GOTT, noch SEINEM Sohn JESUS CHRISTUS kannte, war dieser Spruch nicht mehr als ‚ganz nett‘ für mich. Heute hat er längst eine wunderbare Bedeutung für mich bekommen und diese Zeilen sind ‚SEIN lebendiges Wort‘ über meiner Ehe geworden. Dafür bin ich meinem GOTT von ganzem Herzen dankbar.

Mit unseren zwei pubertierenden Kinder zogen wir 1991 nach Braunschweig, um nach ‚der politischen Wende' des Jahres 1989, in den neuen Bundesländern des ‚wilden Ostens' besser Geschäfte machen zu können. Durch glückliche Umstände hatten wir in einem mondänen Randbezirk unserer neuen Heimatstadt für fünf Jahre ein Reihenhaus anmieten können und fühlten uns in der neuen Umgebung recht wohl. Als dieses Mietverhältnis dann vertragsgemäß endete, zogen wir zu Beginn des Jahres 1997 wir in ein Neubaugebiet eines Braunschweiger Vorortes um. Wir konnten dort eine Doppelhaushälfte anmieten und betrieben von dort aus unser EDV-Geschäft weiter. Ich verkaufte damals EDV-Komplett-Lösungen an Handwerksbetriebe – also Hardware mit der dazugehörigen Software zur Angebotskalkulation, Lohnabrechnung, Finanzbuchhaltung und so weiter. Meine Frau Gertraud schulte die Kunden dann in der Anwendung dieser Programme. So waren wir die Woche über viel unterwegs; oft von morgens um sechs bis in den späten Abend hinein.

Seit einiger Zeit fuhren wir freitags allerdings nicht mehr raus, um so dem nervigen Wochenendverkehr mit seinen vielen Staus auf den Autobahnen zu entgehen. Freitags erledigten wir immer unsere notwendigen Büroarbeiten. Da wurden Angebote- und Rechnungen geschrieben, Telefongespräche geführt und Gertraud erledigte die erforderliche Buchhaltung. Zur Kaffeezeit begann dann meistens das Wochenende für uns.

An solch einem Freitag im April lernten wir dann Sophia Knopfler, eine vierzigjährige Chinesin aus Singapur und ihren deutschen Mann Siegfried kennen. Sie wohnten in einem Reihenhaus und ihr Grundstück stieß direkt an das unsere.

Sophia hatte meine Gertraud vor dem Haus angesprochen, als die morgens vom Brötchen-holen zurückkam und für den Nachmittag zum Kaffee eingeladen. Die Frauen waren dann mehrere Stunden zusammen und Gertraud kam am späten Nachmittag ziemlich gut gelaunt nachhause. Sie berichtete mir, dass Siegfried, Sophias Mann, über zwanzig Jahre als Industrie-Manager in Asien gelebt- und dass die beiden dort vor einigen Jahren geheiratet hatten. Nun, am Ende des Berufslebens ihres Mannes, seien sie in seinen Heimatort nach Deutschland zurückgekehrt und hätten dieses Haus gekauft.

Eine Woche später - wir machten wie jeden Freitag unseren Büro-Tag - luden wir dann unsererseits Sophia zu uns nachhause, zum Kaffee, ein. Es wurde ein sehr interessanter und kurzweiliger Nachmittag. Sie berichtete aus ihrer Zeit in Asien und wir erzählten aus unserem Leben. Dabei hatten wir an diesem Nachmittag so viel Spaß miteinander, dass wir verabredeten, solch ein Treffen in der Zukunft zu wiederholen.

Wir machten ernst damit und luden Sophia gleich am nächsten Freitagnachmittag erneut zum Kaffee ein. Sie sagte freudig zu und als sie kam, waren Gertraud und ich nicht schlecht erstaunt, denn sie hatte eine Bibel unter ihrem Arm, die sie während des Begrüßungszeremoniells ganz beiläufig, aber gut sichtbar auf unserem Wohnzimmertisch deponierte.

Gertraud hatte Kuchen besorgt und so tranken wir Kaffee, unterhielten uns angeregt über die vergangene Woche und darüber, was wir so alles erlebt hatten. Dann passierte es! Ungefähr nach einer halben Stunde belanglosen Plauderns schaute Sophia mich unvermittelt an und fragte:

„Kennst du eigentlich Jesus?"

Ich muss sie ziemlich dämlich angeschaut haben. Überrascht und Hilfe suchend versuchte ich mit meiner Frau Blickkontakt herzustellen, während mir Gedanken durch den Kopf schossen, wie „das ist doch bestimmt 'ne Zeugin Jehovas". Vor meinem inneren Auge sah ich die kleine Chinesin mit einer Wachturm-Zeitschrift an der Straßenecke stehen.

Sophia bemerkte meine Verwirrtheit und wiederholte ihre Frage, ohne mich dabei aus dem Auge zu lassen:

„Und, - kennst du Jesus?"

Es *rutschte* mir ein „willst du uns verscheißern" heraus.

Nach einem vorwurfsvollen „Rainer!" meiner Ehefrau entschuldigte ich mich natürlich sofort und formulierte meine Frage neu:

„Was meinst du denn mit - *Kennst du Jesus?*"

Ich hatte bereits begonnen, nach einer halbwegs intelligenten Antwort zu suchen, während sie mit einem zauberhaften asiatischen Lächeln im Gesicht ihre Frage präzisierte:

„Jesus, - ich meine ‚den' Jesus. Kennst du ihn?"

„Natürlich kenne ich Jesus, brach es fast vorwurfsvoll aus mir heraus. „Schließlich bin ich getauft und konfirmiert. Du kannst Gertraud fragen, - wir gehen jeden Weihnachten zur Kirche, - meistens sogar noch drei oder viermal im Jahr zusätzlich."

Das hatte gesessen – dachte ich. Zufrieden lächelnd sah ich zu Gertraud hinüber. Als ich dann im nächsten Augenblick in Sophias Gesicht schaute, wusste sofort, dass ich nachlegen musste:

„Außerdem, - was ist das für eine Frage? Wir leben hier schließlich im Land der Reformation. Martin Luther war ein Deutscher. Du kommst doch schließlich aus China, wo man an den großen Vorsitzenden glaubt..."

Damit hatte ich dann allerdings bereits mein Pulver verschossen. Während ich in der typischen ‚Rainer-Kretschmer-Triumphator-Haltung‘ zu meiner Frau hinüber blickte hörte ich ein deutliches:

„Nein, nein, - das meine ich nicht."

Die kleine Chinesin Sophia Knopfler begann nun, uns von einem Jesus zu erzählen, den wir in der Tat nicht kannten. Mein Bedürfnis, gegen sie ankämpfen zu müssen, war wie weggeblasen. Keine Gedanken mehr an die Zeugen Jehovas oder so was. Gespannt hörten wir dieser Frau zu. Wir hingen ihr förmlich an den Lippen. Auf jede unserer Fragen hatte sie eine passende Antwort, die sie auch immer gleich mit Versen aus der Heiligen Schrift untermauerte. Da ihre Bibel eine englische King James-Ausgabe war, fragte sie uns nach einiger Zeit, ob wir denn auch eine deutsche Bibel hätten? Da könnten wir dann kontrollieren, dass da genau das Gleiche drin stehen würde...

Na klar hatten wir eine Bibel. Und was für eine! Sofort holte ich unsere wunderschöne, in braunem Leder eingebundene Bertelsmann-Schmuck-Bibel aus dem Regal. Dort hatte sie nun mindestens 23 Jahre ungelesen gestanden. Sie sah wirklich schön aus - von außen. In großen, geprägten Goldbuchstaben stand ‚Die Heilige Schrift‘ auf dem Buchrücken. Als wir sie vor gut 23 Jahren anschafften, hatten wir sie mal durchgeblättert - es waren sogar bunte Kunstdrucke drin. Auch dieser Jesus war auf einigen der Bilder zu sehen. Wirklich schön. So was gehört ja auch eigentlich in jedes anständige deutsche Bücherregal. Ja, - wir hatten auch eine Bibel...

Als ich sie aufschlug und darin zu blätterten begann, verrieten die sich aus der Verleimung des inneren Buchrücken lösenden Seiten unserer Besucherin sofort, dass dieses Buch seit vielen Jahren nicht angerührt worden war. Ich versuchte diese Peinlichkeit mit Gelassenheit zu ertragen und unsere englisch-deutschen Textvergleiche ließen schließlich keinen Zweifel mehr zu: In beiden Ausgaben stand das Gleiche.

Wir haben unsere alte, braune Bibel dann später wieder zurück ins Regal gestellt. Dort hat sie ihren Platz noch heute. Sie erinnert Gertraud und mich nun immer wieder an diesen seltsamen ‚Kennst-du-eigentlich-Jesus-Tag‘.

Es mussten also vernünftige Bibeln her, in denen man richtig blättern und lesen konnte, ohne dass sie gleich auseinander fielen. Aber wo kaufte man Bibeln? In einer Kirche? Wir fragten Sophia. Sie erzählte uns, dass es in Braunschweig einen Buchladen gab, in dem ausschließlich christliche Bücher angeboten würden, - natürlich auch Bibeln.

Da musste ich sofort hin. Kurz entschlossen bat ich sie, mit uns zu diesem Geschäft zu fahren und uns beim Bibel-Kauf zu beraten. Bereits eine Stunde später saßen wir mit zwei nagelneuen Thomson-Studienbibeln an unserem Wohnzimmertisch und studierten gemeinsam im Wort Gottes.

Von nun an trafen wir uns jeden Freitag ab 15 Uhr, um gemeinsam Kaffee zu trinken und mehr über Jesus Christus, den Sohn des lebendigen GOTTES zu erfahren.

Für uns war eigentlich alles neu, was die kleine Chinesin uns erzählte und es war alles überaus spannend. Schon sehr bald hatte ich bemerkt, wie berechtigt Sophias Frage damals gewesen war: Nein, - diesen Jesus kannte ich nicht. Nicht im Entferntesten!

Nach einigen Wochen lernten wir dann auch Sophias Ehemann Siegfried kennen. An einem schönen Sommerabend saßen wir auf unserer Terrasse beisammen, tranken ein kaltes Hefeweizen und hatten einige Stücke Fleisch auf dem Grill. Sophia brachte das Thema natürlich sehr schnell auf Glaubensfragen. Mir war das recht, weil ich auch Siegfrieds Meinung dazu kennen lernen wollte.

Zu meiner großen Überraschung stellte sich dann allerdings heraus, dass er, ganz im Gegensatz zu seiner Frau, ein so genannter ‚U-Boot-Christ‘ war. U-Boot-Christen, erklärte uns Sophia, seien Christen, die immer nur am Heiligen Abend, oder zu Ostern in der Kirche ‚auftauchen‘ würden:

„Siegfried ist da genauso, wie du und deine Gertraud“, sagte sie schmunzelnd.

„Ja, - ihr solltet einfach mal mit Sophia in ihre Gemeinde gehen. Da ist richtig was los. Man muss sich das mal vorstellen, - die machen da die erste dreiviertel Stunde nur Lobpreis...“ schwärmte U-Boot-Christ Siegfried.

„Lobpreis? Was ist das denn?“

Dieses Wort hatte ich noch nie gehört und so erkundigte ich mich nach seiner Bedeutung.

„Das ist Popmusik mit christlichen Texten. Man muss ja nicht immer nur singen, dass alles Mist ist. Also, ich meine die Texte müssen doch nicht immer nur negativ sein. Verstehst du mich? Ich meine, man kann doch auch über was Schönes singen, oder? Sophia, - hast du nicht mal 'ne Kassette für Rainer?"

Sofort flitzte sie nach drüben in ihr Haus und kam wenige Augenblicke später mit vier Lobpreis-Kassetten zurück.

„Die höre ich mir demnächst im Auto an, wenn ich zu meinen Kunden fahre - hier in der Wohnung haben wir keinen Kassetten-Player" sagte ich und packte die Kassetten zur Seite. Ihre offensichtliche Endtäuschung, dass wir nun nicht sofort gemeinsam den Lobpreis abspielten, übersah ich bewusst, aber wir hatten wirklich keinen Player im Haus. So setzten wir unser Gespräch von vorhin fort.

„Das mit dem Lobpreis habe ich ja nun verstanden, aber ich kenne eigentlich nur die katholische- und die evangelische Kirche. Was ist denn das für eine, in die deine Sophia geht?" fragte ich neugierig.

„Das ist eine evangelische Freikirche charismatischer Prägung, - Charismatiker halt."

„Ah ja, - Charismatiker, - verstehe..." stammelte ich, ohne dass ich die Spur einer Ahnung hatte, was das bedeutete.

Als Siegfried und Sophia dann später am Abend gegangen waren und wir aufräumten, fragte ich Gertraud beiläufig: „Sag mal, weißt du was dieses *Charismatiker* bedeutet?"

„Nöö, aber lass uns doch mal im Lexikon nachschauen..." Eine gute Idee. Wir hatten ja unseren *Meter rote Bücher* (die älteren Leser wissen wahrscheinlich was ich meine). Der Meter rote Bücher waren *Das moderne Lexikon* von Bertelsmann. Roter Einband, zwanzig Bände plus Gesundheits- und Fremdwörterlexikon. Damit war man in den Vor-Internet-Zeiten immer auf der sicheren Seite...

Also, - Charis..., Charisma..., Charismatiker, - Mist, steht nicht drin. Na ja, - die Bücher sind ja auch schon fünfundzwanzig Jahre alt. Wahrscheinlich gab es damals so was noch nicht in Deutschland. Aber hier, - hier steht was: *Charisma, griechisch, Gnadengabe, neutestamentlicher Ausdruck für die Begabung mit GOTTES Geist...*

„Ja und? Was machen wir nun? Oder kannst du vielleicht damit was anfangen", fragte ich leicht gereizt meine Gertraud, weil es mich doch ein kleines bisschen ärgerte, dass ich mir dieses komisch Wort nicht erklären konnte.

„Ralf", sagte Gertraud plötzlich.

„Gute Idee", erwiderte ich sofort zustimmend.

Ralf Escher ist ein alter Freund aus unseren jungen Jahren und Ralf ist evangelischer Pastor der lutherischen Landeskirche. Damals hatte er bereits seit vielen Jahren eine Pfarrstelle in der Schweiz, - als Stadtpfarrer von Basel. Sofort griff ich zum Telefon, wählte seine Nummer:

„Grüezi! Sie gaxä mit Pfarrer Escher."

„Hallo, mein lieber Ralf! Schön, dich mal wieder zu hören, aber bitte sprich vernünftig mit uns, - dein Schluchtendeutsch kann ja kein Mensch verstehen."

Ralf lachte laut und nach dem Austausch der wichtigsten Neuigkeiten kam ich endlich zum eigentlichen Grund meines Anrufes, - ich fragte ihn, was denn wohl *Charismatiker* seien...

„Warum willst du das denn wissen?" fragte er mich überrascht.

„Nur so", erwiderte ich ausweichend.

„Spinn nicht rum, Rainer. Kein Mensch auf GOTTES weiter Erde fragt einen Pfarrer *nur so,* was Charismatiker sind. Warum fragst du mich also?"

„Na ja, - weil… - weil wir von unserer Nachbarin eingeladen worden sind, solch einen Charismatiker-Gottesdienst zu besuchen. Was ich von dir wissen will, - ist das eine Sekte?"

„Warum willst du denn nicht mehr in deine Kirche gehen? Ist derselbe GOTT." Unser Freund Ralf versuchte nun erst mal ausgiebig, mich von den Vorteilen eines Verbleibs in der lutherischen Landeskirche zu überzeugen.

„Ralf, - erklärst du mir jetzt bitte, was das für Leute sind, diese Charismatiker, oder weißt du das selber nicht?"

„Klar weiß ich das! Ich bin schließlich Pfarrer. Also, Charismatiker, - das sind Christen, die es so mit dem Heiligen Geist haben. Sie meinen, sie könnten heilen und prophezeien und so was. Die nehmen das alles sehr ernst, weißt du?"

„Was nehmen die sehr ernst?"

„Na das, was in der Bibel steht…"

„Aber dann machen die doch alles richtig, oder?"

„Na ja, - meines Erachtens darf man das nicht alles so verbissen sehen. Außerdem sind die immer so übertrieben freundlich und wollen nach dem Gottesdienst immer Kaffee trinken."

„Keine Sekte?"

„Nein, - keine Sekte", bestätigte Ralf endlich, um als guter lutherischer Pfarrer noch einen letzten Rettungsversuch für die Landeskirche zu wagen:

„Aber Rainer, ihr müsst ja nicht gleich zu den Charismatikern gehen. Wenn es euch in eurer jetzigen Gemeinde nicht mehr gefällt, dann geht doch einfach im Nachbardorf zur Kirche..."

Am folgenden Montag-Morgen startete ich gegen sieben Uhr zu einer Fahrt nach Brandenburg, um dort einen Kunden zu besuchen. Ich fuhr über die Kreisstraße Richtung Autobahn. Auf den Feldern lagen dichte Schwaden des Morgennebels und die Sonne war nur schemenhaft im Dunst zu erkennen. Ich hatte die Kassetten von Sophia dabei und schob die erste in den Player hinein. Was dann geschah, war wirklich unbeschreiblich. Nach einem kurzen Trommelsolo begann eine Frauenstimme zu singen: *Mach meine Liebe stark, ich schrei zu dir, entfach dein Feuer in mir...*

Diese Musik, - diese sogenannte Lobpreismusik erschien mir nicht nur wunderschön, - sie berührte mich auch ganz tief drinnen. Ich weiß nicht genau, was geschah, aber ich musste augenblicklich weinen. Weinen, weil das so schön war. Es war sicherlich Jahre her, das ich das letzte Mal geweint hatte und ich erinnere mich sehr genau daran, dass es damals keine Freudentränen waren. Wie auch immer, komisch war das schon, denn man hatte mir beigebracht, dass Männer normalerweise nicht weinen...

Ich hörte die vier Lobpreis-Kassetten in den nächsten Tagen fast ununterbrochen. Irgendwas war dran, an diesem Jesus. Irgendwas...

Am 4. Januar 1998 habe ich am Ende des sonntäglichen Gottesdienstes JESUS CHRISTUS, den lebendigen GOTT, gebeten, in mein Leben zu kommen. Ich war 46 Jahre alt und wollte diesen JESUS, von dem ich in den zurückliegenden Monaten von meiner Nachbarin Sophia Knopfler so viel gehört hatte, unbedingt persönlich kennen lernen. Da gab es aber auch noch jemanden, der das zu gern verhindert hätte...

Es war bereits der sechste Gottesdienst hintereinander, den meine Ehefrau Gertraud und ich gemeinsam mit Sophia im ChristusZentrum Braunschweig besuchten. Der Prediger, einer der damaligen Gemeindeältesten, fragte am Schluss seiner Predigt, ob denn jemand da wäre, der sein Leben JESUS CHRISTUS anvertrauen wolle. Da mich der Gottesdienst sehr berührt und innerlich aufgewühlt hatte, war ich fest entschlossen *heute* etwas in meinem Leben zu ändern. Ich wollte diesem JESUS CHRISTUS vertrauen und ich wollte ihn unbedingt kennen lernen - heute und jetzt. Wie von selbst ging mein linker Arm hoch, um zu zeigen und zu sagen: *Hier stehe ich! Ich will es tun! Ich will zu JESUS gehören!*

Von vorne hörte ich ein ‚*Danke*' und dass ich nach Beendigung des Gottesdienstes *nach vorne* kommen solle, weil man *mit mir beten wolle*...

Im selben Augenblick schossen mir allerdings ganz andere Gedanken durch den Kopf: *Was machst du denn hier, Rainer? Dein Leben Jesus geben? Was ist das denn für ein Quatsch? Du bist doch der Boss! Damit bist du doch immer ganz gut gefahren, oder? Außerdem sollst du nach vorne kommen. Vor all den Leuten. Das ist doch hochgradig peinlich und albern. Alle werden dich anschauen und über dich tuscheln. Und was willst du schon beten? Du kannst doch außer dem Vaterunser gar kein Gebet. Willst wohl jetzt auf fromm machen, was? Das ich nicht lache. Gerade du...*

Plötzlich erschien mir das, was mir diese *innere Stimme* so eindringlich klar zu machen versuchte, sehr einleuchtend. Ich war plötzlich gar nicht mehr so sicher, dass es eine gute Idee war, nach vorne zu gehen. Wahrscheinlich war es viel besser, am Schluss der Veranstaltung ganz heimlich, still und leise den Saal zu verlassen und diese ganze Geschichte einfach zu vergessen. Wie ich mich kenne, wäre das dann allerdings auch mein letzter Besuch im ChristusZentrum Braunschweig gewesen...

Der Schluss-Segen war gesprochen und die Versammlung begann sich langsam aufzulösen. Ich stand in der Stuhlreihe hinter Gertraud und die Menschen vor uns bewegten sich sehr gemächlich zum Mittelgang hin. Wenn wir dort angekommen waren, würde ich sofort ganz unauffällig Richtung Ausgang gehen, um dann noch unauffälliger zu verschwinden. Doch dort, am Ende *meiner Reihe*, gab es für mich ganz offensichtlich kein Entkommen mehr, denn da stand bereits er, - ein Mann um die Fünfzig - wie eine unüberwindliche Mauer, an der ich auf keinen Fall unbemerkt vorbei kommen würde. Dieser Kerl hatte ein unwiderstehlich freundliches Lächeln im Gesicht und ließ mich nicht aus den Augen während ich mich hinter der vor mir gehenden Ehefrau zu verstecken versuchte. Doch es half alles nichts, - der wartete tatsächlich auf mich. Ich saß in der Falle...

„Du hattest dich vorhin gemeldet" sprach er mich freundlich an. „Ich bin der Tillmann und werde dir mal alles erklären. Komm einfach mal mit nach vorn, - da beten wir beide dann mal zusammen und danach können wir uns bei einer Tasse Kaffee noch ein bisschen näher kennen lernen."

Keine Chance zum Abhauen. Da kam ich jetzt ohne Gesichtsverlust nicht mehr raus. Also, - auf nach vorne...

Bereits wenige Augenblicke später standen wir vorne unter einem großen, vielleicht vier Meter hohem Holzkreuz und Tillmann fragte mich, ob ich denn selber beten wolle, oder ob er mir dabei helfen solle:

„Wenn Du willst, dann bete ich dir einige Sätze vor und wenn Du möchtest, kannst Du das dann ja *nachbeten*"

Da ich in der damaligen Situation ohnehin keinen eigenen vernünftigen Satz herausgebracht hätte, fand ich *das* mit dem *Nachbeten* eine wirklich vernünftige Idee. So sprach ich denn an diesem denkwürdigen Sonntag ein Gebet, das mich und mein Leben in den folgenden Jahren völlig veränderte. Später erfuhr ich, dass die Gemeindeleitung genau an diesem Sonntag erstmalig einen sogenannten *Begrüßungsdienst* für *die Neuen* eingesetzt hatte. So wurde Tillmann letztendlich zu meinem Lebensretter (na ja, - sagen wir besser zum Werkzeug für meinen wirklichen Lebensretter Jesus). Danke, dass Du dich hast rufen lassen, lieber Tillmann.

Wenn mich heute jemand fragt, wie das denn damals gewesen ist, während des Gebetes bei meiner Lebensübergabe an unseren Herrn Jesus, - ob ich vielleicht irgendetwas Besonderes gespürt habe, - meine Antwort ist, dass ich mich an nichts Außergewöhnliches erinnern kann. Kein *heiliges Kribbeln* am ganzen Körper - kein gleißendes Licht - keine weichen Knie - keine im Raum umherfliegende Engel - kein Zittern - nichts von alledem!

Und trotzdem wusste ich nach diesem Gebet, dass ich nun IHM gehören würde.

Bereits eine Woche später übergab auch meine Gertraud ihr Leben unserem HErrn und Erlöser. Das machte mich sehr glücklich, denn so waren wir auch in dieser Sache wieder vereint. Gertraud und ich als Team, - so hatten wir die Hochs und Tiefs der vergangenen knapp 25 Ehejahre miteinander gemeistert und ab jetzt, - ja, - ab jetzt waren wir ein *Dreier-Team*: Jesus, Rainer und Gertraud!

BRINGE MEIN VOLK DEINEM VOLK NAHE

Im Februar 1998 besuchten Gertraud und ich einen so genannten Glaubens-Grundkurs, - so etwas Ähnliches wie Konfirmandenunterricht für Erwachsene. Nur, dass ich diesmal nicht wegen der Konfirmationsgeschenke daran teilnahm, sondern dieses Mal wollte ich tatsächlich alles ganz genau wissen.

Ich kann jedem Neubekehrten nur empfehlen, solch einen Kurs zu besuchen. Hier habe ich unter anderem das erste Mal in meinem Leben wirklich begriffen, was Jesus Christus am Kreuz auf Golatah getan hat und vor allem, was das mit mir zu tun hat.

In diesem Kurs, der jeden Mittwochabend stattfand und sich über zwei Monate hinzog, beschäftigten wir uns mit ganz unterschiedlichen Themen, wie *Heilsgewissheit*, *Wie erkenne ich GOTTES Willen*, *Ein aufgeräumtes Lebenshaus*, *Die Gemeinde* und mehr.

Das mit dem *aufgeräumten Lebenshaus* beschäftigte mich danach noch ziemlich lange, da ich sehr genau wusste, dass es in meinem Lebenshaus eine Menge aufzuräumen gab. Pastor Horst hatte uns mit sehr anschaulichen Worten erklärt, dass wir mit unserer Bekehrung zwar Jesus in unsere *Lebens-Wohnung* hereingebeten hatten, dass es allerdings sehr häufig noch eine *Bodenkammer,* oder einen *kleinen Kellerraum* im persönlichen *Lebenshaus* gäbe, in dem man Dinge zu verstecken suche, für die man sich schäme. Dinge, die man GOTT nicht gleich zeigen wolle – als wenn man vor dem allwissenden- und allmächtigen GOTT, dem SCHÖPFER des Himmels und der Erde, als ob man vor IHM irgendetwas verstecken könnte…

Nach Abschluss dieses Kurses - Ende März 1998 - notierte ich irgendwann in meinem Glaubenstagebuch (das ich auf Anregung meines Pastors seit damals zu führen begonnen hatte):

Beim Studium mehrerer Bücher, die sich größtenteils mit dem Missionsbefehl und mit dem jüdischen Volk beschäftigten, überkam mich das Gefühl, dass ich in dieser Richtung etwas tun sollte. Am Morgen des 2. Februar 1998 blieb ich beim Bibellesen irgendwie am Vers 3 des 1. Psalms hängen. Ich musste diese Stelle wieder und wieder lesen und wusste plötzlich, dass dies die Antwort auf meine ungeduldigen Fragen war:

„Der ist wie ein Baum, gepflanzt an den Wasserbächen,
der seine Frucht bringt zu seiner Zeit,
und seine Blätter verwelken nicht,
und was er macht, das gerät wohl.“

Sofort wusste ich, dass es GOTT war, der auf diesem Wege zu mir sprach und ich begriff, dass diese Bibelstelle eine klare Anweisung für mich enthielt. Die innere Unruhe, die mich in den letzten Wochen ergriffen hatte, war augenblicklich wie weggeblasen, denn nun wusste ich, dass *meine Zeit* ganz offensichtlich noch nicht gekommen war. Andererseits war ich mir absolut sicher, dass GOTT mir zu *SEINER Zeit* mitteilen würde, wann es denn endlich für mich *losgehen* würde. Preiß dem HERRN!

Einige Wochen später, - am 14. Juli 1998 - fuhr ich mit meinem PKW zu einem Kunden in Großwulkow, einem kleinen Ort in Sachsen-Anhalt, in der Nähe der Stadt Genthin. Ungefähr zwei Kilometer vor meinem Fahrtziel, auf einer fast unbefahrenen Nebenstraße, hörte ich in meinem Auto deutlich eine Stimme sagen:

„Bringe MEIN Volk deinem Volk nahe."

In einem Anflug zweifelnder Ungläubigkeit prüfte ich mit einem raschen Blick, dass es nicht das Autoradio gewesen war, das *zu mir gesprochen* hatte – das war jedoch tatsächlich aus. Ich versichere dir, lieber Leser, dass ich weder betrunken war, noch irgendwelche Drogen genommen hatte. Ich war auch wirklich allein im Auto. Mein Körper war allerdings augenblicklich von Adrenalin überflutet, denn ich wusste sofort, dass es GOTT war, der zu mir sprach.

Ich fuhr in den nächsten Feldweg und stoppte. GOTT hatte gerade zu mir gesprochen, - zu mir! *„Bringe mein Volk deinem Volk nahe"* – was sollte das bedeuten?

Viele Gedanken schossen mir durch den Kopf. Sollte ich etwa „Wanderprediger" für die Juden werden?

Was wusste ich schon von den Juden, außer den Dingen, die mit dem Holocaust zusammenhängen und mit denen ich mich vor zwanzig Jahren als Vorsitzender der Jungsozialisten in Celle im Rahmen von so genannten

„Faschismus-Projekten" beschäftigt hatte. Diese grausamen Ungerechtigkeiten, - diese staatlich betriebene Ausrottung des jüdischen Volkes hatte mich immer sehr bewegt. Und nun sprach GOTT in dieser Form zu mir...

Ich notierte mir also SEINE Anweisung, damit ich sie nicht vergessen konnte und überlegte auf der gesamten weiteren Fahrt an diesem Tag, was das wohl für mich persönlich zu bedeuten haben könnte... Sollte ich durch Deutschland touren und den Menschen von den Juden erzählen? Ich verdiente damals als selbständiger Handelsvertreter nicht schlecht und konnte mir „keinen Reim" darauf machen.

So suchte ich in den folgenden Tagen Erklärungen und Rat in Gesprächen mit meinem Pastor (Horst Werner), einem älteren Glaubens-Bruder (Ernst Warthöfer) und mit meinem Hausgruppenleiter (Jürgen Zülch), denen ich von meinem Erlebnis und der Anweisung: „Bring mein Volk deinem Volk nahe", erzählte. Alle drei erinnerten mich daran, dass der HERR mir im Februar bereits gesagt habe (Ps 1,3), dass ich nicht ungeduldig sein solle (... der seine Frucht bringt **zu seiner Zeit**...). Also, - abwarten...

BEI GOTT GIBT ES KEINE MISSION IMPOSSIBLE

Meine Frau Gertraud drängte mich in den folgenden Wochen immer wieder, den so genannten ‚Israelkreis' zu besuchen. Im sonntäglichen Infoblatt wurde diese Veranstaltung dauernd als ‚Israelkreis bei Buttgereits' angekündigt.

„Bei Buttgereits", hatte ich ihr dann immer gesagt, „kennen wir ja gar keinen und überhaupt – wir können doch nicht einfach zu fremden Leuten in eine private Wohnung gehen. Die kennen uns doch gar nicht. Außerdem scheint das ‚ein fester Kreis‘ zu sein. Vielleicht darf da gar nicht jeder hinkommen…"

Am darauf folgenden Montag gingen wir dann das erste Mal zum ‚Israelkreis bei Buttgereits.

Annelore und Kurt Buttgereit waren ein älteres Ehepaar, deren Herz seit vielen Jahren für Israel und die Juden brannte. Kurt war Ende 80 und weil er nicht mehr so gut zu Fuß war, hatte man die Treffen zu den Beiden in die Wohnung verlegt. Ich selbst war damals 46 Jahre alt und im Vergleich mit den meisten Teilnehmern am Israelkreis noch ein junger Mann. Ich meinte, dass diese Geschwister im Herrn zwar alle recht nett, aber ‚viel zu alt‘ für mich wären. Ich entschloss mich, nicht mehr zu diesen Treffen zu gehen und mich in der Gemeinde nach ‚etwas anderem‘ umzuschauen. So besuchte in der Folgezeit meine liebe Frau die Zusammenkünfte des Israelkreises ohne mich.

Nach einigen Wochen und mehreren Büchern zum Thema Israel, Judentum und christliche Wurzeln war ich sicher, dass ich meine Gertraud wieder zu den im vierzehntägigen Rhythmus stattfindenden Versammlungen des Israelkreises begleiten sollte. Es spielte nun auch keine Rolle mehr für mich, dass die meisten Teilnehmer doch erheblich älter waren als ich. Auch innerlich hatte ich nun das Gefühl, in diesem Arbeits- und Gebetskreis ‚angekommen‘ zu sein.

So regte ich in der Folgezeit an, die Treffen wieder in der Gemeinde stattfinden zu lassen, um die Hemmschwelle ‚zu Butgereits‘ zu gehen, die ich ja selber ‚durchlebt‘ hatte, für andere Israel-Interessierte aus unserer Gemeinde zu beseitigen. In dieser Zeit begann ich dann auch, ein umfangreiches ‚Israel-Seminar‘ zu entwickeln, um damit zuerst den Glaubensgeschwistern in unserer Gemeinde und später auch anderen Interessierten Israel nahe zu bringen. Schließlich hatte ich doch den Auftrag ‚Bringe mein Volk deinem Volk nahe‘.

Als ich nach wochenlanger Arbeit etwas – wie ich meinte – Vorzeigbares fertig gestellt hatte, zeigte ich es, nicht ohne ein wenig Stolz, dem Leiter des Israel- Gebets- und Arbeitskreises, Ernst Warthöfer. Meine Ausarbeitungen hätten jedem Außenpolitiker einer politischen Partei ‚zur Ehre gereicht‘ – aus christlicher Sicht und von meinem heutigen geistlichen Standpunkt aus, war das Ganze dann wohl doch ein wenig substanzlos.

Ernst Warthöfer wurde in den folgenden Jahren mein väterlicher Freund. Damals war ich allerdings über seine – zwar liebevolle, aber erkennbar zurückhaltende – Reaktion über mein ‚Israelseminar‘ ein wenig – ich will mal sagen – irritiert. Heute hingegen verstehe ich ihn sehr gut...

GOTT HAT WEGE – AUCH IN DER WÜSTE

Gertraud und ich lebten bis Ende des Jahres 2000 mit unserem Sohn Marcel in dem Haus, in dem uns Sophia Knopfler, die kleine Chinesin mit dem großen Herzen für Jesus, am 15. August 1997 so unvermittelt gefragt hatte: „Kennt ihr eigentlich Jesus...“

Seit Anfang 1999 liefen unsere Geschäfte – der Verkauf von EDV-Komplettlösungen an Handwerksbetriebe – nicht mehr so richtig. Grund war, dass ich mich seit mehreren Monaten ständig müde und schlapp fühlte. Ich war lust- und antriebslos und mir war jegliche Freude an meiner Arbeit abhandengekommen. Ständig vergaß ich irgendetwas. Termine platzten weil ich zum „falschen" Kunden fuhr oder ich merkte unterwegs, dass ich schon 20 oder mehr km in die falsche Richtung (zum Kunden des Vortages) unterwegs war. Nicht nur ich begann mir über diese Vorfälle Gedanken zu machen... Eines Tages schenkte mir meine Tochter Monique sogar das Buch ‚Gehirnjogging' mit der Bemerkung: „Papa, - du musst unbedingt etwas machen..."

Ja, - aber was???

Als sich unsere wirtschaftliche Situation im Laufe des Jahres 2000 zusehends verschlechterte, überlegten wir uns ‚Alternativen' zu unserer bisherigen Arbeit im Bereich der EDV.

Damals war die größte christliche Buchhandlung Norddeutschlands, die ‚Arche' in Braunschweig, in finanziellen Schwierigkeiten und sollte verkauft werden.

Meine Frau Gertraud und ich glaubten, dass wir diese Arbeit übernehmen sollten und hatten geplant, die ‚Arche-Buchhandlung' in den Räumen des ChristusZentrum Braunschweig weiter zu führen.

Von Anfang an war für Gertraud und mich klar, dass es darum ging, den Christen in dieser Region einen christlichen Buchladen zu erhalten, die *Arche* - wo auch immer in Braunschweig - weiter zu führen. Es ging uns nicht um einen neuen, zusätzlichen christlichen Buchladen. Auf gar keinen Fall wollten wir *in Konkurrenz* zu Glaubensgeschwistern gehen.

Wir hatten in den vergangenen Wochen ein *Buchladen-Konzept* entwickelt, hatten mit den damaligen Eigentümern der *Arche* wegen der Übernahme verhandelt, hatten *Kurse für Buchhändler* besucht um uns vorzubereiten, hatten mit unserer Gemeindeleitung wegen der Räume gesprochen, hatten mit einem großen christlichen Verlag die Modalitäten für die *Erstausstattung* unseres neuen Buchladens verhandelt. Ab Januar 2001 wollten wir dann im ChristusZentrum die Räume der neuen Buchhandlung her- und einrichten und im Februar sollte die Eröffnung sein. Nach unserer Meinung und Einschätzung hatten wir alles getan, was zu tun war...

Nur Eines hatten wir nicht getan. Wir hatten GOTT nicht gefragt, was er wollte, - was SEINE Pläne waren. Wir wollten einen Buchladen und GOTT sollte die Sache für uns segnen. Nachträglich sozusagen. Doch so ist GOTT nicht. GOTT *arbeitet* anders, - ganz anders...

An einem Sonntag, Mitte Dezember 2000, sprach uns eine Glaubensschwester aus unserer Gemeinde an. Sie hatte von unseren hektischen Vorbereitungen bezüglich des Buchladens erfahren und bemerkt, wie unsicher wir uns in dieser Angelegenheit waren. Sie gab uns den Rat, doch nicht nur ,für' das Projekt Arche-Buchladen zu beten, sondern GOTT zu bitten, ,die Tür zu zumachen', wenn diese ,Arche-Sache' nicht für uns sei. Solch ein Gebet führe manchmal schneller zu Erkenntnissen, sagte sie uns. Wie Recht sie hatte...

Wir nahmen diese Anregung auf und beteten in den nächsten Tagen, dass uns GOTT zeigen möge, ob er wolle, was wir wollten: Christliche Buchhändler in Braunschweig werden. Zu dieser Zeit hatte ich völlig ausgeblendet, dass ER mir ja bereits sehr deutlich gesagt hatte, wie SEINE Pläne mit mir aussahen: *Bringe mein Volk deinem Volk nahe.*

Nach wenigen Tagen Gebet fiel die Tür unseres Projektes ‚Arche-Buchladen‘ für uns mit einem ‚deutlichen Knall‘ zu. Ein Verlag aus Celle hatte den Buchladen übernommen. Damit war für uns dieses Kapitel abgeschlossen.

Dadurch, dass die EDV-Geschäfte aus den bereits genannten Gründen sehr schlecht liefen (was durch meine Hinwendung zu dem scheinbar erstrebenswerten ‚Rettungsring‘ Arche-Buchhandlung nur noch verstärkt wurde), verdienten wir kein Geld mehr. Sehr schnell kamen wir nun in schwere, wirtschaftliche Bedrängnis. Das Geld für die Miete unseres Hauses war nicht mehr da; das Finanzamt und die Krankenkasse konnte nicht mehr bezahlt werden und so erhielten wir zum Jahresende 2000 die Kündigung von unserem Vermieter. Was sollte das denn nun? Wo war er denn, mein GOTT?

Der dann folgende Umzug in eine 3 Zimmer Sozialwohnung war nur scheinbar ein sozialer Abstieg – in Wirklichkeit empfand ich eine große Erleichterung, den ganzen finanziellen Ballast los zu werden. ER war da, so wie er es in Psalm 23 versprochen hat. Das spürte ich sehr genau. Was ER noch alles mit mir vorhatte, um mich in meine Berufung hineinzuführen, wusste ich damals noch nicht (Dank sei IHM auch dafür).

Mit der Hilfe von über zwanzig Glaubensgeschwistern aus unserer Gemeinde haben wir dann am Silverster-Tag 2000 unseren Umzug durchgeführt und am Abend in der Gemeinde gefeiert. Obwohl die äußeren Umstände unserer Situation äußerlich überwiegend ‚grau‘ aussahen, waren wir glücklich und auch sehr dankbar.

Da in unserer neuen Drei-Zimmer-Wohnung kein Platz für ein Büro vorhanden war, stellte uns die Gemeindeleitung einen Raum zur Verfügung, in dem wir unsere EDV-Firma vorerst weiter betreiben konnten. Für diese Möglichkeit waren wir sehr dankbar und wir versuchten, geschäftlich wieder Fuß zu fassen. Dummerweise fragte ich damals nicht gleich ‚den Richtigen‘ wie es denn weitergehen sollte – welche Pläne ER denn mit mir hatte…

So saßen meine Frau Gertraud und ich dann ab Anfang Januar in unserem neuen Büro, im ChristusZentrum, an den Schreibtischen und überlegten, was eigentlich ‚los‘ war. Wir waren ziemlich verzweifelt, weil es mir immer schwerer fiel, lukrative Aufträge abzuschließen und somit das notwendige Geld für unseren Lebensunterhalt zu verdienen. Es gab Tage, da starrte ich stundenlang auf den Computermonitor vor mir und wusste genau, dass ich eigentlich Interessenten anrufen musste, um Termine für Verkaufsgespräche zu bekommen. Irgendetwas hinderte mich, zum Telefon zu greifen.

Andererseits konnte ich mich auch nicht aufraffen, mit meinem Computer Angebote zu erstellen, auf die einige Handwerksmeister bereits seit mehreren Tagen warteten. Oft schloss ich in solchen Situationen dann meine Augen und ich widerte mich selbst an. Menschen, die ein solches Arbeitsverhalten an den Tag legten, hatte ich bisher immer als ‚arbeitsscheu‘ und ‚faul‘ bezeichnet. GOTT im Himmel – was ist bloß los?

Unsere finanzielle Situation wurde dann in den ersten Monaten des neuen Jahres tatsächlich zusehends dramatischer. Meine Frau sah natürlich auch, wie ich mich quälte und ermutigte mich in dieser – auch für sie nicht gerade einfachen Zeit – zum Arzt zu gehen. So landete ich, nach einigen Überweisungen und etlichen unterschiedlichen Wartezimmern – ich mag keine Wartezimmer – bei einem Lungenspezialisten. Der gab mir ‚über Nacht' ein kleine elektronisches Gerät mit, das ich am Abend mit unterschiedlichen Kabeln verbinden sollte, die seine Sprechstundenhilfe an unterschiedlichen Stellen meines Körpers angebracht hatte.

Das GOTT damals gerade dabei war, die Weichen für SEINEN Plan mit meinem Leben zu stellen, wäre mir damals nicht im Traum eingefallen. So hatte ich denn das Gerät, wie vereinbart, am nächsten Morgen wieder abgegeben. Das Ergebnis der nächtlichen Aufzeichnungen wollte man im Laufe des Tages dann an meinen Hausarzt schicken.

Einige Stunden später saß ich wieder in unserem Büro und starrte lustlos den Bildschirm meines Computers an. Ich saß nur da, tat nichts, dachte an nichts und wartete – auf was ich damals wartete, weiß ich auch nicht. Plötzlich klingelte das Telefon. Gertraud nahm das Gespräch entgegen; es war die Sprechstundenhilfe vom Lungenfacharzt. Der wollte mich noch am selben Tag sehen, was mich einigermaßen überraschte, weil er doch eigentlich das Untersuchungsergebnis an meinen Hausarzt schicken wollte.

So saß ich dann also nur 40 Minuten später im Sprechzimmer dem Doktor gegenüber, der mich freundlich ansah und erklärte, dass es spezielle ‚Sonderfälle' im Leben eines Arztes gäbe, die man entweder nur aus Fachbüchern kennen würde, die einem allerdings bestenfalls ein- oder zweimal im Laufe der beruflichen Praxis unterkommen würden.

„Sie, - Sie, Herr Kretschmer – Sie sind solch ein Sonderfall" sagte er, während er mich dabei nicht aus den Augen ließ. Nach einer kurzen Pause fuhr er fort: „Sie müssten doch eigentlich sehr müde – sehr lustlos und antriebsarm sein, oder?"

Ich wusste in diesem Moment nicht, ob ich losheulen-, oder lauthals lachen sollte. Am liebsten hätte ich ihn umarmt. Dieser Mann beschrieb genau meine derzeitige Befindlichkeit. Endlich einer, der verstand, wie ich mich fühlte. Nun wäre es doch bestimmt auch möglich, etwas dagegen zu tun.

Das weitere Gespräch ergab, dass ich an einer sogenannten Schlafapnoe leiden würde, die mich in der Nacht niemals in die so genannte ‚Tiefschlafphase' kommen ließ. Mit regelmäßigen Atemaussetzern von bis zu dreieinhalb Minuten Länge würden meine Nächte nicht zur erholsamen Regeneration des Körpers führen, sondern ich würde Nacht für Nacht ‚einem ständigen Kampf gegen den Erstickungstod' führen, erklärte mir der Doktor. Es müsse sofort etwas geschehen. Wir könnten auf keinen Fall drei- oder vier Monate warten, bis ein Platz in einem örtlichen Schlaflabor zur Verfügung stünde. Per Telefongespräch sorgte er dann noch in meiner Gegenwart dafür, dass ich bereits drei Tage später in einem Berliner Krankenhaus lag, wo man mich für zwei Nächte beim Schlafen verdrahtete, verkabelte und per Video überwachte. Am Ende dieser Aktion erhielt ich dann ein so genanntes CPUB-Gerät, einen kleinen Kompressor, der mir über eine Nasenmaske nachts genügend Luft in die Lungen hineindrückt. Eine wirklich segensreiche Technik.

Mittlerweile, gegen Ende Mai 2001, fühlte ich mich körperlich schon viel besser. Ich war wieder ausgeruht und voller Tatendrang. Es fiel mir auf, dass ich nachts wieder träumte; das war die letzten Jahre nie der Fall gewesen, da man ja nur in der Tiefschlafphase träumt. Die hatte ich aufgrund meiner Atemaussetzer aber jahrelang nicht mehr erlebt.

In dieser Zeit reifte in mir die Entscheidung heran, aus dem EDV-Geschäft auszusteigen. Mir war inzwischen sehr klar geworden, dass es Zeit für eine Veränderung war. Ich wollte auf jeden Fall etwas anderes machen. Irgendetwas mit- beziehungsweise für GOTT. Aber was??? In diese suchende- und inzwischen wieder viel positivere Stimmung hinein klopfte es eines Morgens an der Bürotür und unser Pastor Horst kam herein. Er gab mir einen Flyer in die Hand und meinte, ich solle ihn mir mal anschauen, da ich doch Medienbeauftragter der Gemeinde sei.

„Hallo Rainer, schau dir das doch mal an. Das ist doch vielleicht was für dich" waren seine Worte.

Ausbildung zum Mediengestalter Bild und Ton' las ich und studierte das kleine Heftchen sehr aufmerksam. Es versetzte mich in eine sonderbar glückliche Stimmung. Irgendwie wusste ich, dass meine Suche beendet war. Dieses Gefühl kannte ich von meiner Bekehrung her. Auch damals hatte ich so ein unglaubliches ‚ich-bin-angekommen-Gefühl'.

Es war irgendwie unbeschreiblich. Die Umschulungsmaßnahme des Arbeitsamtes sollte – ich traute meinen Augen nicht – hier im Gemeinde-Zentrum stattfinden. Nur eine Treppe nach oben und ich war im Schulungsraum. Dadurch würden mir noch nicht einmal zusätzliche Fahrkosten entstehen. Ich war ja sowieso jeden Tag hier. Oh, mein GOTT. Danke! Umgehend besorgte ich mir die erforderlichen Informationen beim örtlichen Arbeitsamt, um zu klären, ob in meinem Fall eine finanzielle Übernahme der Kosten möglich sei.

Bereits am nächsten Morgen saß ich in einem Büro der Agentur für Arbeit vor dem Schreibtisch eines jungen Mitt-Dreißigers und erklärte ihm den Grund meines Kommens.

Nachdem er mir geduldig zugehört hatte, teilte er mir ohne Umschweife mit, dass für mich eine Umschulung zum Mediengestalter Bild und Ton nicht in Betracht käme, da ich Erstens ja über eine qualifizierte Ausbildung im EDV-Bereich verfügen würde und Zweitens, ich mit 49 Jahren viel zu alt sei. Ich erinnere mich an den Fortgang des Gespräches noch sehr genau.

„Wissen Sie", sagte ich, „ich bin über zwölf Jahre Justizvollzugsbeamter gewesen. Ich weiß, dass sie ihre gesetzlichen Vorgaben haben, dass es Durchführungsbestimmungen und Richtlinien gibt. Aber glauben sie mir – ich bin lange genug im öffentlichen Dienst gewesen, um zu wissen, dass es auch immer bestimmte Regelungen für so genannte Sonderfälle gibt. Wir beide müssen nun nur noch die für mich passende Sonderregelung heraussuchen. Denn hier – hier sitzt ein echter Sonderfall vor Ihnen."

Ich strahlte ihn mit dem gewinnendsten Lächeln an, zu dem ich in diesem Augenblick fähig war und er musste nach einem kurzen Augenblick richtig laut lachen.

„Ach so", sagte er und lachte nun ebenfalls. „Dann kommen Sie mal am nächsten Dienstag um 9 Uhr. Da haben Sie dann einen Sonderfall-Termin mit dem für diese Umschulungsmaßnahme zuständigen Berater". Sprach ´s und zwinkerte mir zu. Halleluja! Die erste Hürde war genommen. GOTT dankend fuhr ich wieder zurück ins Büro.

Pünktlich betrat ich zur vereinbarten Zeit das Büro des für die Durchführung der Umschulungsmaßnahme zuständigen Mitarbeiters. Ein Mann in meinem Alter, um die Fünfzig, der sich in den folgenden zwanzig Minuten ausführlich mit mir über meinen beruflichen Werdegang und über die derzeitige Situation unterhielt. Zum Schluss erklärte er mir, dass ich ihm noch einige Unterlagen und Zeugnisse beibringen sollte, dass er mir aber nicht allzu große Hoffnungen machen könne, da diese Umschulungsmaßnahme sehr überlaufen sei – ein typischer Modeberuf, für den ich wohl schon zu alt sei. Aua! Das tat weh! Dennoch vereinbarten wir einen neuen Termin zur Abgabe der gewünschten Unterlagen für die folgende Woche. Meine Zuversicht war ein wenig gedämpft, doch ungebrochen. GOTT hatte doch bestimmt alles im Griff, oder?

Eine Woche danach betrat ich erneut das Arbeitsamt und stand in einem scheinbar endlos langen Flur. Ich hatte die Mappe mit den geforderten Unterlagen und Zeugnissen unter dem Arm und klopfte an der Bürotür, hinter der in Kürze eine Entscheidung fallen würde. Ich drückte die Klinke herunter, doch das Büro war verschlossen.

Auf den Bänken, die vereinzelt rechts und links an den Flurwänden aufgestellt waren, saßen ganz unterschiedliche Menschen, die offensichtlich ebenfalls auf den Einlass in irgendwelche Büros warteten. In vielen Gesichtern glaubte ich eine Mischung aus Hoffnungslosigkeit und Anteilslosigkeit zu erkennen. Ich selbst fühlte mich im Grunde gar nicht schlecht – ein bisschen aufgeregt vielleicht, aber doch zuversichtlich. Ich begann im Stillen zu beten und bat GOTT, dafür zu sorgen, dass ich diese Umschulung machen könnte.

„Geh auf die Knie und bitte mich", konnte ich deutlich SEINE Stimme in meinem Inneren vernehmen. Ich betete weiter – versuchte allerdings das, was ich da gerade von meinem GOTT zu hören bekommen hatte, zu ignorieren. Doch ich hatte natürlich keine Chance. GOTT wollte mal wieder eine Entscheidung von mir, als er mich erneut aufforderte: „Rainer – geh auf die Knie und bitte mich."

Da mein Versuch, die Aufforderung zu ignorieren fehlgeschlagen war, versuchte ich nun mit meinem GOTT zu diskutieren. Das muss man sich mal vorstellen – ich versuchte mit dem Allmächtigen zu diskutieren:

„HERR – du hilfst mir bitte, diese Ausbildung machen zu können und sobald ich wieder in meinem Büro bin, gehe ich sofort auf die Knie und bitte dich…"

„Nein Rainer. Gehe jetzt und hier auf die Knie und bitte mich jetzt. Kannst du diese Kleinigkeit nicht für mich tun?"

Na ja – Kleinigkeit – mein himmlischer VATER hatte gut reden. Ich war es ja schließlich, der hier im Arbeitsamt auf dem Flur stand. Ich war es, der von etlichen der hier herumsitzenden Leute beobachtet wurde. ER war schließlich in SEINEM göttlichen Überall und war unsichtbar. Aber – ER war GOTT und ER wollte nun mal, dass ich ihn jetzt sofort auf Knien bitte…

Also kniete ich im langen Flur des Arbeitsamtes in Braunschweig nieder und betete zu GOTT dass er mir diese Umschulung ermöglichen möge. Was die anwesenden Leute gedacht haben ist zwar nicht überliefert, doch bestenfalls: ‚Dem sind wohl seine Kontaktlinsen runter gefallen‘ und schlimmstenfalls: ‚Ein religiöser Spinner‘. Offen gestanden – in diesem Moment war mir das wirklich egal – völlig egal.

Dieses unbeschreiblich gute Gefühl, das ich hatte, als ich wieder aufstand kann ich gar nicht in Worte fassen. Ich lächelte zufrieden, denn ich wusste ganz genau, dass GOTT mich nicht im Regen stehen lassen würde. Niemals! Mit IHM konnte ich nicht nur über Mauern springen – mit IHM konnte ich sogar im Flur des Arbeitsamtes Braunschweig Zwiegespräche führen. ER war da – immer und überall. Wie versprochen, auch in den finstern Tälern! Und ER war und ist zuverlässig! Dazu kam, dass er mich lieb hatte und hat. Was für ein GOTT! Im selben Augenblick kam ‚mein Berater‘ um die Ecke und begrüßte mich freundlich lächelnd:

„Hallo, Herr Kretschmer. Da sind Sie ja. Kommen Sie mal gleich mit rein...“

Ich erwiderte Lächeln und Gruß. Als wir Platz genommen hatten, fuhr er fort:

„Ja, ja – Menschen in unserem Alter haben es wirklich nicht leicht in dieser Zeit...“

Er hatte gesagt ‚in unserem Alter‘. Das klang so, als ob er sich mit mir und meiner Situation solidarisierte – als ob wir alte Freunde wären, die nun mit vereinten Kräften ein Problem aus der Welt schaffen würden. Dieses Verhalten meines Gegenübers gab mir augenblicklich die absolute Zuversicht, dass GOTT gerade dabei war, SEIN Wort einzuhalten. ER hatte mein vermeintliches Problem längst gelöst...

Nach ungefähr fünfzehn Minuten verließ ich das Büro dieses freundlichen Mannes und stand auf der Teilnehmerliste für die geplante Umschulungsmaßnahme zum Mediengestalter Bild und Ton an erster Stelle. Gepriesen sei der Name unseres HERRN!

MIR-MEINER-MICH UND DIE VERGESSLICHKEIT

Kurz nach meiner Bekehrung im Jahr 1998, nachdem GOTT mir gesagt hatte „Bringe MEIN Volk deinem Volk nahe", ergab sich ein engerer Kontakt zu Jochen, einem leitenden Glaubensbruder, dessen Herz schon seit vielen Jahren für die unerreichten Menschen in Asien schlug und der sich voller Hingabe im Rahmen eines Hilfswerks engagierte. Irgendwann erzählte er mir völlig begeistert von dieser Arbeit und erwähnte dabei, dass die Satzung seiner Organisation überarbeitet werden müsse und dass er jemanden suche, der sich mit so etwas auskenne. Wie das oftmals so ist, wenn man ohne richtig zu überlegen zu schnell „Ja" sagt – das Ergebnis dieses Gespräches war jedenfalls, dass ich in den folgenden Wochen seine Vereins-Satzung überarbeitete. Danach dauerte es gar nicht mehr lange, da wurden meine Frau und ich schließlich Mitglied in Jochens Verein und ich war sehr glücklich, dass ich schon so kurz nach meiner Bekehrung mit den altgedienten ‚Glaubenskämpfern' zusammenarbeiten durfte.

Ich war glücklich. … - …das **ich** mit den ‚Glaubens-kämpfern'… - **ich**… - **ich**… - **mir** – **meiner** – **mich**!

Tut nichts aus Eigennutz oder um eitler Ehre willen, sondern in Demut achte einer den andern höher als sich selbst

(Philipper 2, Vers 3)

Hatte GOTT mir nicht neulich erst sehr deutlich irgendetwas wegen SEINES Volkes gesagt?

GOTTES UMSCHULUNG HAT LÄNGST BEGONNEN

Meine vom Arbeitsamt genehmigte Umschulung zum Mediengestalter Bild und Ton begann im August 2001 und ich erstellte gelegentlich für Jochens Asien-Hilfswerk kleinere Filmchen für seine Website und PowerPoint-Präsentationen für seine Vorträge.

Dann passierte etwas Außerordentliches: Einige Mitarbeiter des Hilfswerkes wurden von Taliban-Milizen festgenommen und in ein sogenanntes Gefängnis gesperrt. In der Presse hieß es, dass man ihnen den Prozess wegen Missionierung machen wolle und dass sie die Todesstrafe erwartete. Aus politisch-organisatorischen Gründen und vor allen Dingen um das Leben unserer Glaubensgeschwister zu schützen, durfte in den Medien nicht verbreitet werden, dass in Afghanistan missioniert wurde. Das hätte für unsere Leute den sicheren Tod bedeutet. Nach außen sollte unter allen Umständen das Bild eines säkularen Hilfswerkes vermittelt werden, das Entwicklungsprojekte in Afghanistan und Pakistan durchführte – was ja auch irgendwie stimmte.

Das genau in dieser Zeit meine Umschulung begonnen hatte, war in der damaligen Situation ein großer Segen für Jochens Hilfswerk, denn das Interesse der Medienvertreter aus aller Welt war – wegen der Gefangennahme unserer Leute in Afghanistan – riesengroß. Da meine Mediengestalter-Umschulung genau eine Etage über dem Büro des Vereins stattfand, konnte ich in den Unterrichtspausen immer sehr schnell die Vereins-Website updaten, Bilder und Infos heraussuchen und bearbeiten und für Jochens Pressetermine wichtiges Material vorbereiten. In der Folgezeit wurde ich dann sogar gelegentlich vom Unterricht freigestellt um Interviewtermine usw. vorbereiten zu können.

Als die Gefangenen dann im November 2001 befreit und von amerikanischen Hubschraubern nach Pakistan ausgeflogen wurden, dauerte mein ehrenamtliches Engagement in Jochens Verein weiter an. Meine Gertraud erledigte in dieser Zeit die mittlerweile sehr umfangreich gewordene Buchhaltung der Organisation und in meinem Kopf war irgendwann ein Gedanke aufgetaucht, der mir plausibel erschien und den ich mir für mich (mir-meiner-mich!!!) passend ‚zurecht-dachte‘.

GOTT schien wohl zu wollen – versuchte ich mir jedenfalls mit einigem Nachdruck einzureden – dass ich nun als Mediengestalter Bild und Ton ausgebildet werde, um dann bei der inzwischen weltbekannten Hilfsorganisation von Jochen der Medienbeauftragte zu sein. Ich sah mich damals bereits als fest angestellten- und gut bezahlten Fachmann in Sachen Medienarbeit.

GOTT allerdings hatte SEINE Pläne mit mir nicht geändert. Pläne, an die er mich im Frühjahr 2002 ‚auf SEINE Art‘ erinnerte.

ER war – IHM sei Dank – nicht so vergesslich wie ich.

So erkenne nun, dass der HERR, dein Gott, der wahre Gott ist, der treue Gott, der den Bund und die Gnade denen bewahrt, die ihn lieben und seine Gebote bewahren, auf tausend Generationen

(Jeremia 29, 11)

ICH BIN ES, DEIN GOTT – WANN KOMMST DU ZURÜCK?

Die Befreiung der Glaubensgeschwister aus der Geiselhaft lag bereits einige Monate zurück und ich war neben meiner Ausbildung intensiv damit beschäftigt, meine künftige Karriere in Jochens Verein vorzubereiten. Dazu gehörte meiner Meinung nach auch, dass ich mich mit aller Kraft auf diese Arbeit konzentrierte und dass ich ‚gut' war.

So bemerkte ich gar nicht, dass die viele Arbeit dafür sorgte, dass ich an keiner Gebetsveranstaltung mehr teilnehmen konnte und bereits Monate keine Zeit mehr gefunden hatte, in den Israelkreis zu gehen. Ab morgens 8 Uhr waren ich in der Umschulungsmaßnahme und meine Gertraud im Vereins-Büro. In den Pausen lief auch ich schnell die Treppe hinunter um aktuelle News auf der Vereinshomepage einzupflegen und nach Ausbildungsschluss um 15 Uhr ging ich wieder hinunter, um mit meiner Frau bis mindestens 20 Uhr dort weiter zu arbeiten. So ging das Tag für Tag. Mir war es egal – es war ja ‚für den HERRN – und der macht keine Fehler.

Es war ein Abend im Februar 2001 und ich war bereits in Bett gegangen, weil der Tag wiedermal ziemlich anstrengend gewesen war. Immerhin war ich inzwischen 50 Jahre alt geworden und ich kannte Leute, die waren in dem Alter bereits Frührentner. Ich war gerade am ‚hinübergleiten' in den Schlaf, als plötzlich ein Gedanke in meinem Kopf auftauchte, der sich mit aller Macht meine Aufmerksamkeit sichern wollte. Augenblicklich war ich wieder hellwach und stellte zu meiner Überraschung fest, dass dieser Gedanke eine Frage zu sein schien:

„Wann kommst du wieder zurück?"

„Wie bitte?"

„Wann kommst du wieder zurück?"

„Bist DU es? Was meinst DU denn", fragte ich.

„Du weißt schon, was ich meine", war die Antwort.

Sofort schossen mir ziemlich seltsame und verwirrende Gedanken durch den Kopf:

> *‚Du wirst das schöne neue Notebook, was du von Jochens Verein bekommen hast, zurückgeben müssen. Du brauchst es doch aber so dringend für deine Umschulung!*
>
> *Du wirst auch deinen kleinen Taschencomputer zurückgeben müssen, der für deine Terminplanung und für deine Umschulung unerlässlich ist.*
>
> *Du setzt deine berufliche Zukunft als Medienbeauftragter des Vereins aufs Spiel.*
>
> *Du bringst deine Frau Gertraud als Vereins-Vorstandsmitglied in eine unmögliche Situation...'*

Nach einigen Augenblicken identifizierte ich das Gedanken-Chaos in meinem Kopf als ‚sollte-GOTT-wirklich-gemeint-haben-Attacke' und in Jesu Namen befahl ich ihnen, aus meinem Kopf zu verschwinden.

Im Bruchteil eines Augenblicks fielen alle Zweifel von mir ab und die Antwort auf SEINE Frage fiel mir plötzlich sehr leicht:

„Ja HERR – gleich morgen werde ich mit Jochen sprechen und ihm alle Geräte zurückgeben. Bitte sage mir, was ich tun soll. Wie geht es jetzt weiter?"

Es dauerte keine 24 Stunden, bis ich wusste, wie es denn nun weitergehen würde, denn bereits einen Tag später tat GOTT den nächsten Schritt mit mir...

KANN MAN LERNEN GOTT ZU VERTRAUEN?

Am folgenden Morgen begann der Unterricht wie üblich um 8 Uhr. Alles war wie immer, nur dass ich in den Pausen nichtmehr nach unten ins Büro von Jochens Hilfswerk musste, sondern mit den anderen gemeinsam die Pause genoss.

Am Nachmittag, kurz vor Unterrichtsende, bat mich der Maßnahme-Leiter um ein kurzes vier-Augen-Gespräch.

In dem er mir erklärte, dass sich ein Mann namens ‚Kolmanowski' aus Hannover bei ihm gemeldet hätte, der eine ‚Idee für eine Fernsehsendung mit Juden' habe. Er selbst – der Herr Kolmanowski – sei ebenfalls Jude. Ob ich denn interessiert an so etwas sei, weil er mitbekommen hätte, dass ich regelmäßig zum Israelkreis der Gemeinde gehen würde…

Oh mein GOTT – Du bist wunderbar! Und du bist schneller, als ich glauben kann!

Bereits einige Tage später saß ich im Wohnzimmer eines gewissen Naum Nußbaum in Hannover. Er war Mitglied der örtlichen jüdischen Gemeinde und arbeitete dort als Chorleiter und Musiker. Wir unterhielten uns mit dem ebenfalls anwesenden Sergej Kolmanowski, einem russisch/jüdischen – und wie man mir sagte – in Fachkreisen ‚weltbekannten' Komponisten, Pianisten und Entertainer, der mir seine Ideen zu einer ‚jüdischen Fernsehsendung' erklärte. Die beiden Männer waren die ‚ersten Juden meines Lebens', die ich persönlich kennenlernte.

Augenblicklich wurde mir klar – GOTT wollte, dass ich ‚SEIN Volk meinem Volk' genau über diesen Weg ‚nahe bringe' – über das Fernsehen. Genau deshalb hatte der HERR ganz offensichtlich dafür gesorgt, dass ich mit meinen fünfzig Jahren eine Ausbildung zum Mediengestalter Bild und Ton machte. Mir fiel plötzlich ein Zitat wieder ein, dass unser Pastor vier Jahr zuvor einmal während des Glaubensgrundkurses erwähnte:

„GOTT beruft nicht die Befähigten, - er befähigt die Berufenen." ✳

Genau das schien ER durch meine Umschulung gerade mit mir zu tun. ER war dabei mich zu befähigen, die von IHM ausgesprochene Berufung umsetzen zu können.

In den folgenden Wochen entwickelte ich zusammen mit Sergej Kolmanowski das Drehbuch für eine 90minütige ‚jüdische' Unterhaltungssendung, die wir

✳ Nicht, dass ich glänze vor den Anderen, sondern Du, Gott verherrlicht wirst.

‚Shalom Chaverim' nannten. Das erste Mal, dass ich Produktionsleiter war und Regie. Und ebenfalls das erste Mal, das ich ‚SEIN Volk meinem Volk nahe brachte' – durch eine Fernsehsendung!

In der ersten TV-Sendung, die ich dann einige Monate später im eigenen Studio produzierte, war mein erster Studiogast ein messianischer Jude namens Doron Schneider. Ich hatte erfahren, dass er an diesem Tag für eine Vortragsveranstaltung in der Arche (damaliger christlicher Buchladen in Braunschweig) zu Gast war. Ich freute mich sehr über diese Gelegenheit, einen ‚echter Juden' – und noch dazu einer, der Jesus kannte – in meine Sendung zu bekommen. Den musste ich einfach dazu bringen, mitzukommen.

So setzte ich mich also in mein Auto, fuhr zum Veranstaltungsort und traf ihn dort tatsächlich an. Nachdem ich ihm erklärt hatte, dass sich sehr kurzfristig eine Möglichkeit ergeben habe, dass er in einer Fernsehsendung auftreten könne, um dort über Israel und sein Volk zu sprechen, musste er nicht lange überlegen: Doron, mit dem mich heute eine echte Freundschaft verbindet, sagte sofort zu.

Danach durfte ich über zehn Jahre lang unzählige Fernsehsendungen zum Thema Israel, Judentum und christliche Wurzeln produzieren. GOTT brachte mich nicht nur mehrfach ins Heilige Land, sondern schenkte mir eine stetig wachsende Liebe für das jüdische Volk.

Als es nach 12 Jahren – inzwischen war ich 63 Jahre alt – für mich so aussah, als ob GOTT diese Fernseharbeit ‚sterben' lassen würde, begann ich zu zweifeln und ließ Gedanken zu, die mir klarzumachen versuchten, dass

GOTT mit mir nicht zufrieden sei und mir deshalb ‚alles‘ wegnehmen würde.

> *Wenn es aber jemand unter euch an Weisheit mangelt, so erbitte er sie von Gott, der allen gern und ohne Vorwurf gibt, so wird sie ihm gegeben werden. Er bitte aber im Glauben und zweifle nicht; denn wer zweifelt, gleicht einer Meereswoge, die vom Wind getrieben und hin- und hergeworfen wird. Ein solcher Mensch denke nicht, dass er etwas von dem Herrn empfangen wird, ein Mann mit geteiltem Herzen, unbeständig in allen seinen Wegen.*
>
> (Jakobus 1, Verse 5-8)

Er leitet uns in die Wahrheit

Es ging in den folgenden Monaten für mich durch viele dieser finsteren Täler, von denen in Psalm 23 die Rede ist. Manche dieser Niederungen würde ich in Zukunft nur auf SEINEN ausdrücklichen Wunsch hin ein weiteres Mal durchqueren wollen. Wie auch immer – alles was ich seit meiner Bekehrung vor zwanzig Jahren mit GOTT erleben durfte, hat mich stärker gemacht und näher zu IHM gebracht.

Die wichtigste Erkenntnis, die ich aus diesem Wegabschnitt meines Lebens mit GOTT ziehe, ist eigentlich ,ein alter Hut‘:

GOTT lügt nicht!

ER macht keine Fehler!

SEIN Wort ist die Wahrheit!

ER ist immer da…

…natürlich auch in den finstersten Tälern!

GOTT ist treu!

ER hat mich zuerst geliebt!
(dich übrigens auch!)

und…

Wenn wir aber unsere Sünden bekennen,
so ist er treu und gerecht,
dass er uns die Sünden vergibt und uns reinigt
von aller Ungerechtigkeit.

(1.Johannes 1, Vers 9)

Lass dir das nochmal in aller Ruhe so richtig auf der Zunge zergehen.

Als ich endlich begriffen hatte, dass diese Zeilen nicht nur ‚eine Bibelstelle' sind, sondern SEIN lebendiges Wort, auch für mich ganz persönlich – erst danach war ich bereit für den nächsten Schritt, den ER längst vorbereitet hatte, von dem ich allerdings nicht im Entferntesten ahnte, wie er aussehen sollte, denn im Vergleich zu all dem, was ich bisher mit GOTT erleben durfte, war der nächste Schritt aus SEINER Sicht wohl nur konsequent – aus meiner allerdings umwerfend und atemberaubend.

Als ich bereits einige Zeit in einem dieser finsteren ‚Psalm-23-Täler' unterwegs war und vor lauter Angst und Sorgen vergaß, dass ER versprochen hat, gerade dann ‚bei uns' – ‚bei mir' zu sein, wenn es mal richtig ‚dicke' kommt – genau in dieser Zeit spürte ich seltsamerweise ein nie gekanntes Bedürfnis nach Gemeinschaft und Austausch mit Glaubensgeschwistern – eine nicht für möglich gehaltene Sehnsucht nach Gebet und Anbetung – einen echten ‚Heißhunger' auf die Bibel bei dem es sich eigentlich nur um ‚die Lust' handeln kann, von der in Psalm 1, Vers 2 die Rede ist.

Wie gesagt, GOTT hatte längst alles vorbereitet, weil er natürlich in unsere Herzen schauen kann. Weil er genau weiß, wie es uns geht und ob wir es ehrlich meinen, oder nur schauspielern. Ob wir für einen neuen Schritt mit ihm bereit sind, oder ob wir besser noch etwas warten; ob vorher noch etwas zu erledigen ist, oder ob wir nur getröstet werden müssen. GOTT weiß es schon, bevor es uns passiert. GOTT ist eben GOTT.

So verspürte ich denn plötzlich wieder große Lust auf die Hauskreisbesuche am Mittwochabend und freute mich regelrecht darauf. Auch die üblichen Gespräche nach dem sonntäglichen Gottesdienst ‚erweiterte‘ ich mühelos um zusätzliche Einladungen von Glaubensgeschwistern, mit denen ich üblicherweise nicht so viel Kontakt hatte.

Überraschenderweise fand ich auf einmal Zeit, morgens intensiv zu beten – dazu sei gesagt, dass ich vorher nie ein ‚großer Beter‘ war – und fand mich kurz danach in einem übergemeindlichen Gebetskreis wieder. GOTT hatte etwas vor.

Dann eröffnete mir GOTT eine nicht für möglich gehaltene ‚Direkt-Verbindung‘ zu SEINEM unerschöpflichen Leben-, Liebes- und Kraft-Reservoir: Lobpreis! Nicht, dass wir uns falsch verstehen – Lobpreis mochte ich schon seit meiner Bekehrung. Damals, als das Feuer in meiner Frau und mir gerade entfacht war, mussten wir uns monatelang vergewissern, dass wir genügend Tempo-Taschentücher mit in den Gottesdienst nahmen, um unsere Tränen während des Lobpreises zu trocknen. Im Laufe der Jahre hatte sich das wieder geändert – ich war zwar noch immer mit dem ganzen Herzen dabei, aber es war nicht mehr wie zu Beginn.

Aus terminlichen Gründen wechselte ich nach einigen Wochen in eine andere, regelmäßig stattfindende Gebetsgruppe und da sah ich ein bekanntes Gesicht: Eva. Eva ist eine liebe Glaubensschwester aus meinem Hauskreis und sie kann wunderschön singen und noch dazu Gitarre spielen – ich kann weder das Eine, noch das Andere. Was sich dann bei genau diesem Gebetstreffen abspielte, will ich dir kurz schildern, weil GOTT mal wieder das Überraschungsmoment auf SEINER Seite hatte:

Also – die Gruppe bestand vielleicht aus 10 Geschwistern aus verschiedenen Gemeinden und nach einer Zeit der Andacht begann Eva unsere kleine Schar im Lobpreis vor den Thron unseres GOTTES zu befördern. Plötzlich war dieses Gefühl von früher wieder da. Ich war meinem himmlischen VATER so nahe, wie seit Jahren nicht mehr und dann – dann öffneten sich bei mir alle ‚Tränen-Schleusen‘, die Nase fing an zu laufen und das Dumme war, ich hatte nur zwei, nicht mehr ganz frische Tempos in der Hosentasche.

Diese Anbetungszeit erstreckte sich aber über gut eineinhalb Stunden und ich konnte natürlich niemanden, während er vor dem Thron unseres HERRN anbetet, um so ein dämliches Packet Tempo-Tücher bitten. Den Rest der Geschichte will ich dir ersparen…GOTT hat jedenfalls echt Humor, denn ich werde diesen Tag und Moment, als ‚die alte Liebe‘ wieder aufloderte, niemals wieder vergessen.

Eva mag es eigentlich nicht hören, doch wenn GOTT die ‚Tankstelle‘ für all das ist, was wir als Jünger JESU brauchen, dann ist Eva (Entschuldigung) eine gesegnete ‚Zapf-säule‘ für göttlichen Super-Plus-Plus-Plus-Treibstoff – und das ganz sicher nicht nur für mich. GOTT hat dich gerufen, Eva, und du bist – GOTT sei Dank – SEINEN Ruf gefolgt.

Zu meiner Lust an SEINEM Wort verschaffte ER mir ebenfalls auf wunderbare Weise Zeit, mich in nie für möglich gehaltenem Umfang, ausführlichen Bibelstudien zu widmen. Mich an SEINEM Wort zu freuen, darüber nachzudenken und meine Gedanken zu Papier zu bringen. Häufig beantwortet ER mir dabei sogar Fragen, die mir noch gar nicht eingefallen sind – Fragen, die ich noch gar nicht gestellt habe.

Neulich brütete ich gerade über einer Textstelle aus dem 31. Kapitel im Buch des Propheten Jeremia, wo es in den Versen 31 bis 34 heißt:

Siehe, Tage kommen, spricht der HERR, da schließe ich mit dem Haus Israel und mit dem Haus Juda einen neuen Bund, nicht wie der Bund, den ich mit ihren Vätern geschlossen habe an dem Tag, als ich sie bei der Hand fasste, um sie aus dem Land Ägypten herauszuführen - diesen meinen Bund haben sie gebrochen, obwohl ich doch ihr Herr war, spricht der HERR.

Sondern das ist der Bund, den ich mit dem Haus Israel nach jenen Tagen schließen werde, spricht der HERR: Ich werde mein Gesetz in ihr Inneres legen und werde es auf ihr Herz schreiben. Und ich werde ihr Gott sein, und sie werden mein Volk sein.

Dann wird nicht mehr einer seinen Nächsten oder einer seinen Bruder lehren und sagen: Erkennt den HERRN!

EIN WORT DES HERRN

Als ich gerade darüber nachdachte, was es wohl ganz praktisch bedeuten mag, dieses ,auf ´s Herz schreiben', begann ER in mir zu sprechen. Noch niemals in den ganzen Jahren war es mir möglich, solch ein ‚Reden GOTTES‘ fast zeitgleich mitzuschreiben. Dieses Mal gelang es mir. Hier ist meine unveränderte Mitschrift:

„Worte Rainer – Worte.

Ich möchte sie dir auf dein Herz schreiben.

Ich möchte nicht nur, dass du meine Worte kennst, liest und hörst – ich wünsche mir, dass du sie atmest, fühlst, schmeckst.

Ich habe gesagt, dass ich mit Meinem Volk einen neuen Bund schließen werde und dass ich ihnen mein Gesetz aufs Herz schreiben werde.

Und, Rainer, ich habe einige aus den Nationen herausgenommen und gerettet – ich habe aus den wilden Ölbäumen einige Zweige herausgerissen und in meinen edlen Ölbaum eingepfropft.

Sie haben nun echte, dauerhafte Verbindung zur lebensspendenden Wurzel.

Die Wurzel versorgt den Stamm, die Äste und auch die Zweige.

Du kennst die Ordnungen und Gesetze, die Verheißungen und Zusagen die ich meinem Volk gegeben habe. Sie gelten nach wie vor. Mein Sohn hat es euch gesagt.

Wer von meinem erwählten Volk sie sich von mir nicht aufs Herz schreiben lassen möchte, muss weiter versuchen, sie einzuhalten. Du weißt, was ich dazu gesagt habe.

Du Rainer, du bist solch ein Zweig – solch ein eingepfropfter Zweig.

Das bedeutet, dass du Miterbe bist.

Das alle Ordnungen und Gesetze, alle Verheißungen und Zusagen die ich meinem Volk gegeben habe selbstverständlich auch für dich gelten.

Ich möchte sie dir so gerne auf dein Herz schreiben. Dabei musst du mir helfen, denn du weißt ja, dass ich mich festgelegt habe und immer nur durch euch Menschen handele. Deshalb musst du natürlich meine Gesetze, die Ordnungen, Verheißungen und das alles kennen – wie soll ich sie sonst auf dein Herz schreiben?"

Inzwischen habe ich dieses für mich bestimmte Wort wieder und wieder gelesen, und ich bin meinem VATER unendlich dankbar für diese Gnade. Was ER mir hier offenbart, ist für mich ‚der Schlüssel‘, mit dem sich die Tür zu einem mir bisher verschlossenen Weg mit GOTT öffnet. In großer Dankbarkeit schafft es mir eine nie gekannte Nähe zu meinem PAPA und Schöpfer.

Bisher meinte ich tatsächlich, dass sich meine ‚Haben-Seite' in Sachen Nachfolge gar nicht so schlecht liest, denn…

…natürlich wusste ich schon sehr lange, dass unsere christlichen Wurzeln im Judentum zu finden sind.

…selbstverständlich habe ich die komplette Bibel im Laufe der Jahre mehrfach durchgelesen.

…sowieso bin ich für Israel und die Juden eingetreten, wo immer ich eine passende Gelegenheit dafür erkannte.

…allemal gehören heute zu meinem Freundeskreis mehrere Juden aus Deutschland genauso wie aus Israel.

…nicht zuletzt habe ich mehrere hundert TV-Filme zum Thema ‚GOTTES auserwähltes Volk' produziert.

…ist doch klar, dass ich die Geschichte mit dem eingepfropften Ölzweig kenne und auch unzählige Veranstaltungen und Konferenzen zu diesem Thema besucht habe.

„Worte Rainer – Worte…"

Als ich das verstanden hatte und es mein Herz erreichte, entfuhr mir eine Äußerung, die ich nun zum Titel dieses Buches gemacht habe:

„Auweia!

Der wilde eingepfropfte Ölzweig

bin ja ich!!!"

Bisher hatte ich mich immer mit der Erklärung begnügt, dass es sich bei dem ‚wilden Ölzweig' um ‚die Christen' handelt – zu denen ich dann ja auch gehöre. Bei diesem Gedanken wurde regelmäßig und sofort ein ‚Relativierungsassistent' in meinem Hinterkopf aktiv, um mich eindringlich daran zu erinnern, dass sich hinter dem Begriff ‚Christen' doch auch alle Namenschristen; alle Sektenchristen; alle Einzel-Christen und so weiter einsortiert haben.

Deshalb blieb mir dass, was GOTT mir damit schenken will, so viele Jahre verschlossen und ich kam glaubensmäßig irgendwie nicht weiter. Wie einfach war es doch, mich innerlich irgendwie aus diesem undurchsichtigen ‚Christensalat' des ‚eingepfropften Zweiges' herauszuhalten. In diesen großen ‚Einheitstopf' mochte ich nicht springen. Mein Unterbewusstsein traf daher irgendwann und von mir unbemerkt, eine Entscheidung: Wenn ‚die Christen' der ‚eingepfropfte wilde Ölzweig' sind, dann sollte ich besser doch nicht dazugehören. Ein ziemlich übler Trick des ‚Herrn Sollte-GOTT-gemeint-haben'.

Lies doch mal in Römer 11 den 16. Vers:

Wenn aber die Erstlingsgabe heilig ist, so ist es auch der Teig, und wenn die Wurzel heilig ist, so sind es auch die Zweige.

Und nun sieh dir bitte noch – ebenfalls im Römerbrief, im 9. Kapitel – die Verse 24 bis 26 an:

Als solche hat er auch uns berufen, nicht allein aus den Juden, sondern auch aus den Heiden; wie er auch durch Hosea spricht: „Ich will das ‚mein Volk' nennen, was

69

nicht mein Volk war, und die ‚Geliebte‘, die nicht Ge-
liebte war. Und es soll geschehen, an dem Ort, wo zu
ihnen gesagt wurde: Ihr seid nicht ‚mein Volk!‘, da sol-
len sie ‚Söhne des lebendigen Gottes‘ genannt werden.“

Natürlich muss ich ‚SEIN Gesetz‘, das Alte Testament,
nicht auswendig lernen, nur damit ER es mir, wie versprochen, auf mein Herz schreiben kann. Immerhin wissen wir
aus dem Matthäus-Evangelium was JESUS uns zu diesem
Thema lehrt:

Und Jesus sprach zu ihm:
„Du sollst den Herrn, deinen Gott, lieben
mit deinem ganzen Herzen und mit deiner ganzen See-
le
und mit deinem ganzen Denken“.
Das ist das erste und größte Gebot.
Und das zweite ist ihm vergleichbar:
„Du sollst deinen Nächsten lieben wie dich selbst“.
An diesen zwei Geboten hängen das ganze Gesetz
und die Propheten.

(Matthäus 22, Verse 37 bis 40)

Wenn ich in meinem Innersten befürchte, mit Mari-
en-Verehrern, Heiligen-Anbetern, Sektierern und Religiösen zusammen als ein wilder Ölzweig *(der wäre dann tat-*
sächlich ziemlich wild) in den ‚edlen Ölbaum‘, *(SEIN erwähl-*
tes Volk) eingepfropft zu werden, dann schafft es der Teufel auf diese perfide Art bei vielen Glaubensgeschwistern,
die ebenfalls nicht mit ‚den Christen‘ in diesen ‚jüdischen
Ölbaum‘ eingepfropft werden möchten, ein Samenkorn
des Antisemitismus in unser Herz einzuschleusen. Und
das, obwohl GOTT doch gerade dich und mich damit

meint – uns alle, die wir eine lebendige Beziehung zu IHM, unserem lebendigen PAPA haben.

Doch die Tatsache, dass GOTT uns liebt und sich auch wünscht, dass ‚alle‘ *(GOTT meint ‚alle‘ Menschen – dazu gehören auch die Christen, die in die Irre geleitet werden)* zur Erkenntnis der Wahrheit kommen ändert nichts an der Tatsache, dass ER ein gerechter GOTT ist. So sollten wir niemals vergessen, dass Jesus uns gerade deshalb eindringlich warnt:

Nicht jeder, der zu mir sagt: Herr, Herr!
wird in das Reich der Himmel eingehen,
sondern wer den Willen meines Vaters im Himmel tut.

Viele werden an jenem Tag zu mir sagen: Herr, Herr,
haben wir nicht in deinem Namen geweissagt
und in deinem Namen Dämonen ausgetrieben
und in deinem Namen viele Wundertaten vollbracht?

Und dann werde ich ihnen bezeugen:
Ich habe euch nie gekannt;
weicht von mir, ihr Gesetzlosen!

(Matthäus 7, Verse 22-23)

Wenn mein Freund JESUS zu mir sagt:

„Rainer, vergiss nicht, dass es nicht ausreicht, dass du mit MIR verbunden bist und MICH Freund nennst – du wirst nur ins Reich der Himmel eingehen, wenn du den Willen meines VATERS tust.“

Und stell dir nun mal vor, JESUS spricht weiter:

„Rainer, du weißt ja, dass MEINEM VATER das jüdische Volk ganz besonders auf dem Herzen liegt. SEIN ausdrücklicher Wille ist es, dass du, Rainer, dieses Volk tröstest. Bitte vergiss es nicht –PAPA ist es ganz beson-

71

ders wichtig – du sollst dieses Volk unbedingt trösten, sonst wirst du nicht in das Reich der Himmel eingehen. Mein VATER hat sich da festgelegt, weil ER verlässlich und gerecht ist."

Wie oft haben wir schon das Gebet gesprochen, welches JESUS SEINEN Nachfolgern – also uns – aufgegeben hat?

Nur Worte? Nichts als Worte?

Oder meinen wir es ernst wenn wir beten: „DEIN Wille geschehe!"

Wir sollten es unbedingt ‚ernst meinen' und auch ‚Täter des Wortes' werden!

> *Und wenn ihr betet, sollt ihr nicht plappern wie die Heiden; denn sie meinen, sie werden erhört um ihrer vielen Worte willen. Darum sollt ihr ihnen nicht gleichen! Denn euer Vater weiß, was ihr benötigt, ehe ihr ihn bittet. Deshalb sollt ihr auf diese Weise beten:*

> *Unser Vater, der du bist im Himmel!*
> *Geheiligt werde dein Name.*
> *Dein Reich komme. Dein Wille geschehe,*
> *wie im Himmel, so auch auf Erden.*
> *Gib uns heute unser tägliches Brot.*
> *Und vergib uns unsere Schulden,*
> *wie auch wir vergeben unseren Schuldnern.*
> *Und führe uns nicht in Versuchung,*
> *sondern errette uns von dem Bösen.*
> *Denn dein ist das Reich und die Kraft*
> *und die Herrlichkeit in Ewigkeit!*
> *Amen.*

> (Matthäus 6, Verse 7-13)

Die Vernebelungstaktik des Teufels ist professionell ausgefeilt, milliardenfach erprobt und funktioniert so gut wie niemals zuvor, denn dieser Herr ‚Sollte-GOTT-gemeint-haben' (Teufel) weiß, dass JESUS bald wiederkommt und ihm deshalb nur noch sehr wenig Zeit bleibt.

Deshalb wird es für viele aufrecht gläubige Nachfolger unseres Herrn Jesus immer schwerer, der Aufforderung GOTTES aus ganzen Herzen nachzukommen, wenn der die Menschen, die eine persönliche Beziehung zu ihm haben, nicht nur bittet, *doch gelegentlich – wenn es ihre Zeit ihnen erlaubt, oder wenn sie zufällig mal daran denken –* SEIN Volk zu trösten.

Nein! Unser GOTT spricht in Befehlsform – und da ER es sogar wiederholt, scheint es IHM besonders wichtig zu sein, wenn ER anordnet:

Tröstet, tröstet mein Volk!,
spricht euer Gott.
Redet zum Herzen Jerusalems
und ruft ihr zu, dass ihr Frondienst vollendet,
dass ihre Schuld abgetragen ist;
denn sie hat von der Hand des HERRN
Zweifaches empfangen für alle ihre Sünden.

(Jesaja 40, Vers 1)

Weil es IHM sehr wichtig ist, dass wir SEIN Volk nicht segnen, weil wir die Worte in Jesaja 40 Vers 1 gelesen und sachlich genau verstanden haben *(Vorsicht – Religionsalarm!!!)*, sondern weil er auch diese Anordnung in

SEINER großen Liebe und Güte auf unser Herz geschrieben hat, und weil auch wir es dann – so wie ER selbst – aus Liebe tun.

Als ich vor 20 Jahren von GOTT aufgefordert wurde *‚SEIN Volk' meinem Volk nahezubringen*, ahnte ich wirklich nicht, was dieser Auftrag mit mir machen würde. Doch durch den dadurch bedingten ständigen Umgang mit dem Thema ‚Israel – Judentum – christliche Wurzeln' entwickelte ich eine wirklich große Sympathie für dieses Volk. In dieser Zeit bemühte ich mich redlich, ein ‚guter Arbeiter im Weinberg des HERRN' zu sein.

Erst als ich anfing zu beten; als ich im Lobpreis SEINE Nähe suchte; als ich das Verlangen verspürte, SEIN Wort nicht nur zu lesen und zu hören, sondern IHN bat, es mir zu erklären – erst danach wurde aus meiner Sympathie für Israel eine echte und tiefe Liebe zu diesem Volk. Nicht, weil ich den schriftlichen Befehl in Jesaja 40, Vers 1 dazu gelesen und verstanden habe, sondern weil SEINE Worte in meinem Herzen lebendig geworden sind.

Ich denke, wir sollten uns nun ein bisschen ausführlicher mit dem Volk der Juden befassen, damit wir es besser kennenlernen – mit all seinen Macken und Fehlern – mit seinen unglaublichen Stärken – in seinem Ungehorsam gegen GOTT genauso wie in seinem bedingungslosen und aufopferndem Gehorsam.

DIE GÖTTLICHE BERUFUNG ISRAELS

In GOTTES Heilsgeschichte mit SEINER Menschheit hat Israel seit der Erwählung Abrahams, Isaaks und Jakobs einen entscheidenden Platz; nicht zufällig bedeutet Israel ‚Gotteskämpfer'.

Dabei hat sich unser himmlischer Vater sich nicht ein besonders großes, starkes, kluges, frommes oder gehorsames Volk erwählt...

Nicht deshalb, weil ihr zahlreicher wärt als alle Völker, hat der HERR sein Herz euch zugewandt und euch erwählt - denn ihr seid das geringste unter allen Völkern –

(5. Mose 7, Vers 7)

...sondern ein kleines und unbedeutendes. Ein Volk, das GOTT – SEINEM Plan gemäß - in ein ganz spezielles Gebiet – in eine ganz besonders strategisch geopolitische Lage hineinbrachte, die von mächtigen Nationen und Reichen umgeben war und bis heute ist. Schon immer war Israel bedroht und ständig auf die übernatürliche Hilfe GOTTES angewiesen.

Es begann mit dem Schutz vor eben diesen starken Nachbar-Völkern und endet sicherlich nicht nur mit dem Regen, der auch heute noch als GOTTES Segensgabe in Israel angesehen wird.

Dafür gibt es nur eine einzige Erklärung und die finden wir – natürlich – in SEINEM Wort:

sondern weil der HERR euch liebte und weil er den Eid halten wollte, den er euren Vätern geschworen hatte, darum hat der HERR euch mit starker Hand herausgeführt und dich erlöst aus dem Haus der Knechtschaft, aus der Hand des Pharao, des Königs von Ägypten.

(5. Mose 7, Vers 8)

Der GOTT Abrahams, Isaaks und Jakobs – wie ER sich in der Tora vorstellt – hat in SEINER Souveränität dieses Volk aus Liebe erwählt.

***

Hier nun noch einmal die entsprechenden Passagen aus SEINEM Wort im Zusammenhang (‚wohl dem…‘).

1. *Wenn der HERR, dein Gott, dich in das Land bringt, in das du kommen wirst, um es in Besitz zu nehmen, und wenn er vor dir her viele Völker vertilgt, die Hetiter, die Girgasiter, die Amoriter, die Kanaaniter, die Pheresiter, die Hewiter und die Jebusiter, sieben Völker, die größer und stärker sind als du;*

2. *und wenn sie der HERR, dein Gott, vor dir dahingibt, dass du sie schlägst, so sollst du unbedingt an ihnen den Bann vollstrecken; du sollst keinen Bund mit ihnen machen und ihnen keine Gnade erweisen.*

3. *Und du sollst dich mit ihnen nicht verschwägern; du sollst deine Töchter nicht ihren Söhnen [zur Frau] geben, noch ihre Töchter für deine Söhne nehmen;*

4. denn sie würden deine Söhne von mir abwendig machen, dass sie anderen Göttern dienen; und dann wird der Zorn des HERRN über euch entbrennen und euch bald vertilgen.

5. Vielmehr sollt ihr so mit ihnen verfahren: Ihre Altäre sollt ihr niederreißen, ihre Gedenksteine zerbrechen, ihre Aschera-Standbilder zerschlagen und ihre Götzenbildnisse mit Feuer verbrennen.

6. Denn ein heiliges Volk bist du für den HERRN, deinen Gott; dich hat der HERR, dein Gott, aus allen Völkern erwählt, die auf Erden sind, damit du ein Volk des Eigentums für ihn seist.

7. Nicht deshalb, weil ihr zahlreicher wärt als alle Völker, hat der HERR sein Herz euch zugewandt und euch erwählt — denn ihr seid das geringste unter allen Völkern—,

8. sondern weil der HERR euch liebte und weil er den Eid halten wollte, den er euren Vätern geschworen hatte, darum hat der HERR euch mit starker Hand herausgeführt und dich erlöst aus dem Haus der Knechtschaft, aus der Hand des Pharao, des Königs von Ägypten.

9. So erkenne nun, dass der HERR, dein Gott, der wahre Gott ist, der treue Gott, der den Bund und die Gnade denen bewahrt, die ihn lieben und seine Gebote bewahren, auf tausend Generationen;

10. er vergilt aber auch jedem, der ihn hasst, ins Angesicht und bringt ihn um; er zögert nicht, dem zu vergelten, der ihn hasst, sondern vergilt ihm ins Angesicht.

(5. Mose 7, Vers 1 - 10)

Und beim Propheten Jesaja heißt es

1. Und nun, so spricht der HERR, der dich geschaffen hat, Jakob, und der dich gebildet hat, Israel: Fürchte dich nicht, denn ich habe dich erlöst! Ich habe dich bei deinem Namen gerufen; du bist mein.

2. Wenn du durchs Wasser gehst, so will ich bei dir sein, und wenn durch Ströme, so sollen sie dich nicht ersäufen. Wenn du durchs Feuer gehst, sollst du nicht versengt werden, und die Flamme soll dich nicht verbrennen.

3. Denn ich bin der HERR, dein Gott, der Heilige Israels, dein Erretter! Ich habe Ägypten hingegeben als Lösegeld für dich, Kusch und Saba an deiner Stelle.

4. Darum, weil du kostbar bist in meinen Augen [und] wertgeachtet und ich dich lieb habe, so gebe ich Menschen für dich hin und Völker für dein Leben.

(Jesaja 43, Vers 1 - 4)

DIE TRÄGERIN DER OFFENBARUNG

Ganz eindeutig hat GOTT JAHWE das jüdische Volk erwählt und sich dann mit ihm am Sinai verbündet.

Vierzig Jahre hat ER in der Wüste mitten unter ihm gewohnt, um dann eine neue Generation dieses Volkes ins Gelobte Land zu führen. Und auch dort wohnte ER weiterhin bei ihm – zunächst in der Stiftshütte und später in dem von Salomo gebauten Tempel.

Diesem Volk offenbarte der lebendige GOTT in den Geboten der Tora als erstes SEINEN Willen und SEIN Herz. Diese Offenbarung in den Geboten ermöglichen Leben und schenken ein harmonisches Zusammenleben. GOTT zeigt darin, was SEIN Herz für uns Menschen empfindet, wie ER SEINE Beziehung zu uns sieht, wie ER diese Beziehung gestalten möchte und was für IHN die Prioritäten sind!

So ist denn das jüdische Volk wie ein Mutterleib, der die Offenbarung GOTTES ausgetragen und hervorgebracht hat. Es ist nicht – wie einige Christen denken – der edle Ölbaum, von dem Paulus in Römer 11 spricht – doch dazu kommen wir später.

An dieser Stelle wollen wir lediglich erkennen, wie stark die ‚hebräische Bibel‘ (Tora und Tenach) letztendlich unsere Welt beeinflusst und geprägt hat. Geprägt durch die Geschichten der Erzväter Abraham, Isaak und Jakob – die Erzählungen von David und Jonathan – oder auch durch das, was GOTT durch die Propheten Jesaja, Jeremia bis Maleachi offenbart hat. Und auch die gute Nachricht – die Evangelien – das Neue Testament - hat GOTT uns durch die Juden geschenkt. Durch SEIN Bundesvolk!

Wieviel bedeuten dir die Geschichten und Gleichnisse von Jesus? Wieviel die Taten und die Lehren der Apostel?

ISRAEL – DER KNECHT GOTTES

GOTT der ALLMÄCHTIGE–EL SCHADDÁJ, von SEINEM Volk nicht ohne Grund auch EL OLÁM–DER EWIGE genannt — SEIN Vaterherz wurde dir und mir durch das jüdische Volk gezeigt. Sie waren es auch, die uns zeigten, wer dieser GOTT ist: Der SCHÖPFER des Himmels und der Erde!

Der Prophet Jesaja spricht im 53. Kapitel seines Buches unter anderem darüber, dass der ‚Knecht GOTTES' wie ein Schaf zur Schlachtbank geführt wird.

Er wurde misshandelt, aber er beugte sich und tat seinen Mund nicht auf, wie ein Lamm, das zur Schlachtbank geführt wird, und wie ein Schaf, das verstummt vor seinem Scherer und seinen Mund nicht auftut.

(Jesaja 53, Vers 7)

Das hat zweifellos eine doppelte Bedeutung: Einerseits ist es der MESSIAS JESUS – andererseits aber ist es auch das Volk Israel in der Gestalt des Knechtes, das den Leidensweg durch drei Jahrtausende hindurch gegangen ist – oftmals durch Ungehorsam, daneben aber auch immer wieder durch einen beispiellosen Gehorsam gegenüber GOTT.

Nun wissen wir natürlich, dass Jesaja 53 in der christlichen Theologie 53 eine zentrale Bedeutung hat. Die meisten christlichen Bibel-Ausleger lehren uns, dass dort der Leidensweg, Opfertod und die Erhöhung von Jesus Christus prophezeit wird.

Jüdische Theologen erklären hingegen, dass es sich im Kapitel 53 um einen Teil eines wunderschönen poetischen Liedes handelt. Es ist das letzte der vier ‚Gottesknechtslieder' – Lieder vom Knecht Jahwes. In diesen poetischen Liedern geht es allerdings **nicht** um einen MESSIAS, König oder ähnliches, sondern um das Volk Israel, seinen Schöpfer JAHWEH und die anderen Nationen. (jüdische Auslegung am Ende des Buches WER IST DER KNECHT IN JESAJA 53)

Unschwer kann man da auch ein Festhalten an dem einen GOTT Israels erkennen, obwohl sie IHN und ihren Leidensweg nicht wirklich verstanden haben, wie wir am Beispiel Hiob sehen können.

Ja, aber auch Jeremia leidet entsetzlich an seinem Dienst und klagt: „Wäre ich doch gestorben! Ich verstehe dich nicht GOTT!" (nach Jeremia 20, Vers 17)

Oder Hesekiel, der wochenlang an seinem Lager angebunden war (Hesekiel 4), so dass GOTT SEIN Volk nicht segnen konnte, weil sie mit Götzen Ehebruch getrieben haben.

Von diesem Volk – vom Volk Israel haben wir unsere Bibel – ein Buch, das mit Tränen und Opfern geschrieben wurde. Niemals dürfen wir vergessen, dass es ihr Buch ist, unsere Bibel. Die Bibel ist ihr Buch, was durch dieses großartige Volk zu uns gekommen ist. Was für ein Volk!

OFFENBARUNG DER BUNDESTREUE GOTTES

Eine der gewaltigsten Offenbarungen der Treue unseres GOTTES ist die Geschichte des jüdischen Volkes. SEIN „Ja" steht, wenn er es einmal gesagt hat. Das Herz GOTTES offenbart sich in den vom Propheten Jesaja im 65. Kapitel, Vers 2 festgehaltenen Worten…

Den ganzen Tag habe ich meine Hände ausgestreckt
nach einem widerspenstigen Volk,
das seinen eigenen Gedanken nachgeht auf einem Weg,
der nicht gut ist.

…und obwohl bis zu Paulus ungefähr 700 Jahre vergangen sind, lässt GOTT Paulus in seinem Brief an die Römer schreiben:

Denn Gottes Gnadengaben und Berufung können ihn nicht reuen.

(Römer 11, Vers 29)

..was im Klartext nichts anderes heißt, als dass es GOTT gleichgültig ist, was auch immer das Volk Israel anstellt; SEINE Berufung für die Juden wird ER niemals bedauern oder gar zurücknehmen, denn ER wird, mit diesem von IHM einmal erwählten Volk, zum Ziel kommen – zu SEINEM Ziel.

GOTTES VOLK ISRAEL - EIN LICHT FÜR DIE NATIONEN

Als einen immerwährenden Hinweis auf IHN, den einzigen wahrhaftigen und lebendigen GOTT für alle Nationen der Erde – als Licht für die Heidenvölker – wurde Israel berufen:

…ja, er spricht: „Es ist zu gering, dass du mein Knecht bist,
um die Stämme Jakobs aufzurichten
und die Bewahrten aus Israel wiederzubringen;
sondern ich habe dich auch zum Licht für die Heiden gesetzt,
damit du mein Heil seist bis an das Ende der Erde!"

(Römer 11, Vers 29)

Durch ihren Ungehorsam, der zu ihrer Vertreibung und weltweiten Zerstreuung führte, und durch ihre Verweigerung einer Assimilation in den Gastländern sind sie tatsächlich dieser Hinweis auf GOTT – dieser Stachel im Fleisch für die Nationen geblieben – ob sie es wollten oder nicht. Durch sie wurden ganze Nationen mit aufgebaut und gesegnet.

- Die Vereinigten Staaten von Amerika wären nicht die USA von heute ohne die Juden!
- Was wäre unser Deutschland heute ohne die Juden?
- Wie viele Medizin-Nobelpreise haben Juden bekommen?
- Es waren Juden, die bahnbrechende Erfindungen bei der Bewässerung machten!
- In der Kunst und im Film haben Juden der Menschheit unvergängliche Geschenke gemacht!

Gibt es überhaupt irgendein Wissens- oder Wirtschaftsgebiet, wo Juden nicht federführend sind?

DU HAST DIE WAHL – SEGEN ODER FLUCH

Es war GOTT – der allmächtige-, der lebendige-, der ewige GOTT – jener, für den das einmal gesagte „Ja" auf ewig ein „Ja" bleibt, der Abraham schwor:

Ich will segnen, die dich segnen,
und verfluchen, die dich verfluchen;
und in dir sollen gesegnet werden
alle Geschlechter auf der Erde!

(1.Mose 12, Vers 3)

Immer wieder aufs Neue müssen wir uns zwischen Segen oder Fluch entscheiden, wenn es um unsere-, um deine und meine Beziehung zum Volk der Juden geht. Über Jahrtausende haben das einzelne Menschen, aber auch ganze Völker erlebt.

- Spanien erlebte unter den Mauren eine außergewöhnliche Blütezeit, weil sie die Juden gut behandelten.
- Das Osmanische Reich nahm im 16. Jahrhundert viele Flüchtlinge aus Spanien auf und erlebte in der Folge einen gigantischen Aufschwung.
- Die Polen erlebten als Nation im 16. und 17. Jahrhundert ähnliches.

Es gibt auch zahlreiche Beispiele aus der jüngeren Geschichte, wie zum Beispiel das deutsche Wirtschaftswunder nach der ‚Regelung für Wiedergutmachung‘ durch Bundeskanzler Konrad Adenauer in den 1950er Jahren. Natürlich ist klar, dass diese ‚Wiedergutmachung‘ die Millionen ermordeter Juden niemals wieder lebendig machen kann.

So wird uns denn dieses Verbrechen für immer an unsere ganz besondere Verantwortung für das Wohlergehen der Juden erinnern.

Bemerkenswert ist dagegen der Untergang des sowjetischen Imperiums, in dem Juden ihrer Identität und Existenz beraubt- und daran gehindert wurden, in ihre Heimat Israel auszureisen.

Die Sowjets hätten gewarnt sein müssen, denn in der Vergangenheit haben sich zahlreiche Weltreiche an Israel schuldig gemacht und sind dann von Landkarte und Bildfläche verschwunden: Assyrien, Babylon, Rom, später auch das spanische- und portugiesische Weltreich. Nicht zuletzt zerfiel das mächtige britische Empire.

Auch Deutschland blieb über viele Jahrhunderte schwach, zersplittert und von geringer Bedeutung. Das war sicherlich auch eine Folge des bedrückenden Antisemitismus, der offensichtlichen Willkür, der Verfolgungen und Morden an jüdischen Menschen.

Vom Versuch, ein Tausendjähriges Reich in Deutschland erstehen zu lassen, blieben nach zwölf Jahren mörderischer Gewaltherrschaft nur Leichen, Trümmer und eine zerschlagene Nation übrig.

GOTT ERWÄHLTE SICH EIN VOLK VON PRIESTERN

Ob es dir und mir (oder irgendjemand anderem) nun gefällt, oder auch nicht – unser GOTT hat sich das Volk der Juden aus allen Völkern dieser Erde ausgewählt und zu SEINEM persönlichen Eigentum erklärt. ER bestimmte es zu einem ‚Königreich von Priestern‘, deren Aufgabe es ist dem ALLMÄCHTIGEN hingegeben zu dienen und SEINE weltweite Anbetung sicherzustellen.

Werdet ihr nun meiner Stimme gehorchen
und meinen Bund halten, so sollt ihr mein Eigentum
sein
vor allen Völkern; denn die ganze Erde ist mein.
Und ihr sollt mir ein Königreich von Priestern
und ein heiliges Volk sein. Das sind die Worte,
die du den Israeliten sagen sollst.

(2.Mose 19, Verse 5-6)

85

Denn du bist ein heiliges Volk dem HERRN, deinem
Gott. Dich hat der HERR, dein Gott, erwählt
zum Volk des Eigentums aus allen Völkern,
die auf Erden sind.

Nicht hat euch der HERR angenommen und euch er-
wählt, weil ihr größer wäret als alle Völker – denn du
bist das kleinste unter allen Völkern

(5.Mose 7, Vers 6)

Ihr aber sollt Priester des HERRN heißen,
und man wird euch Diener unsres Gottes nennen.
Ihr werdet der Völker Güter essen
und euch ihrer Herrlichkeit rühmen.

(Jesaja 61, Vers 6)

Das ist ganz schön heftig, oder? Die Juden sind Priester für alle Nationen dieser Erde.

Für die Anbetung GOTTES wurden unter Abraham, Isaak und Jakob im ganzen Land Altäre aufgestellt.

Mose erhielt von GOTT den Auftrag zum Bau der Stiftshütte, in der ER während der Wüstenwanderung Israels bei ihnen wohnte. GOTT zog bei Tag als Wolkensäule und bei Nacht als Feuersäule vor SEINEM Volk her. Wo ER sich niederließ, wurde die Stiftshütte aufgestellt und dort sollte EL OLÁM (Der EWIGE) dann Anbetung empfangen.

David wollte dem GOTT Israels ‚ein Haus' bauen, doch erst Davids Sohn Salomo erhielt von IHM die Erlaubnis, den Tempel auf dem Berg Morija als bleibende Stätte der Anbetung zu errichten. Hier sollte es auch zur Begegnung zwischen EL SCHADDÁJ (GOTT der Allmächtige) und SEINEM Volk kommen. Allerdings sollte der Tempel nur dann stehenbleiben, wenn König und Volk ihrem GOTT gehorsam sein würden. (lies dazu 1.Könige 9, ab Vers 3 und 2.Chronik 7, die Verse 11 bis 22)

Die Israeliten hielten sich allerdings nicht an die göttlichen Vorgaben. Sie verehrten ständig irgendwelche angenommene Gottheiten anderer Völker und bedienten sich dabei derer abscheulichen Praktiken.

Von ‚Israeliten als den Nachkommen der 12 Söhne Jakobs‘ kann eigentlich nur bis 722 v.Chr. gesprochen werden, bis das Nordreich Israel von den Assyrern verschleppt und unter Zwang assimiliert wurde. Das Südreich Juda hingegen blieb bis zur babylonischen Gefangenschaft 587 v.Chr. bestehen. Seit dieser Zeit sprechen die alle anderen Völker nur noch von ‚Juden‘.

Jesus und Paulus hingegen sprechen – immerhin 600 Jahre später – deutlich von ‚Israel‘ und von ‚Israeliten‘. Aus diesem Grunde dürfen du und ich davon ausgehen, dass GOTT am Ende all SEINE Verheißungen für Israel an allen zwölf Stämmen Israels wahrmachen wird.

- Die Babylonier zerstörten den 1. Tempel 587 vor Christus.
- Serubbabel und Esra stellten den Tempeldienst in der Perserzeit im 5. Jahrhundert vor Christus wieder her.
- Herodes der Große und seine Nachfolger ließen diesen Tempel von 18 vor Christus bis 66 nach Christus prachtvoll erweitern und verschönern.
- Bereits 4 Jahre nach dessen Fertigstellung wurde dieser dann von den Römern im Jahre 70 zerstört.

Heute richten viele orthodoxe Juden ihre ganze Hoffnung auf den Bau eines dritten Tempels, damit die so schmerzlich empfundene Beendigung des Opferdienstes wieder eingeführt werden kann. Sie sind überzeugt, dass ‚ohne Blutvergießen keine Vergebung geschieht‘.

Und es wird fast alles mit Blut gereinigt nach dem Gesetz,
und ohne dass Blut ausgegossen wird,
geschieht keine Vergebung.

(Hebräer 9, Vers 22)

Denn des Leibes Leben ist im Blut,
und ich habe es euch für den Altar gegeben,
dass ihr damit entsühnt werdet.
Denn das Blut wirkt Entsühnung,
weil das Leben in ihm ist.

(Hebräer 9, Vers 22)

Auftrag & Dienst der Gemeinde Jesu

Als Gemeinde JESU CHRISTI stehen wir unter einer irdischen- und einer himmlischen-Berufung. Unsere irdische ist zeitlich begrenzt, unsere himmlische dagegen ewig. Da GOTT uns nach unserer Errettung nicht sofort zu sich nimmt, macht uns deutlich, wie wichtig IHM unsere irdische Berufung ist.

Unser Berufung für Israel und für die Juden

Als Nachfolger JESU hat die Gemeinde – also auch du und ich – die Berufung ‚Licht für die Welt‘ zu sein…

Ihr seid das Licht der Welt.
Es kann die Stadt, die auf einem Berge liegt,
nicht verborgen sein.

(Matthäus 5, Vers 14)

…und allen Menschen unseren Retter und Erlöser JESUS CHRISTUS als ‚Licht der Welt‘ zu bringen.

Da redete Jesus abermals zu ihnen und sprach:
Ich bin das Licht der Welt.
Wer mir nachfolgt,
der wird nicht wandeln in der Finsternis,
sondern wird das Licht des Lebens haben.

(Johannes 8, Vers 12)

89

Als ,Nachfolger JESU aus den Heiden-Völkern' ist es nicht unsere Aufgabe, als Straßenevangelisten durch Israels Straßen zu ziehen – sondern ,die Liebe CHRISTI', durch die wir als Heiden errettet wurden, soll die Juden eifersüchtig machen.

Ich frage nun: Sind sie denn gestrauchelt,
damit sie fallen sollten? Das sei ferne!
Sondern durch ihren Fall wurde das Heil den Heiden zuteil,
um sie zur Eifersucht zu reizen.

(Römer 11, Vers 11)

Denn zu euch, den Heiden, rede ich:
Weil ich Apostel der Heiden bin,
bringe ich meinen Dienst zu Ehren,
ob ich irgendwie meine Volksgenossen zur Eifersucht reizen
und etliche von ihnen erretten kann.

(Römer 11, Verse 13 bis 14)

DAFÜR BRAUCHEN WIR FOLGENDE HALTUNGEN:

- Hochachtung und Wertschätzung auf Grund des Bündnisses, das GOTT mit ihnen geschlossen hat, als Volk SEINES Eigentums.

- Dankbarkeit für den Reichtum, den wir durch das jüdische Volk empfangen haben *(lies dazu Römer 9, Verse 1 bis 4),* und für all das, was uns durch das jüdische Volk zuteil geworden ist – durch den edlen Ölbaum, in den du und ich als Zweige eingepfropft sind *(lies dazu Römer 11, Verse 17 bis 18).*

Wir verdanken den Juden unsere Errettung:

- Die Sohnschaft
  Das ist die Gabe der VATER-SOHN-Beziehung.
- Die Herrlichkeit
  Weil GOTT inmitten seines Volkes wohnt.
- Die Bundesschlüsse
  Dazu gehören der BUND MIT ABRAHAM, der BUND AM SINAI
  und natürlich auch DER NEUE BUND ☺

Siehe, es kommen Tage, spricht der HERR, da ich mit dem Haus Israel und mit dem Haus Juda einen neuen Bund schließen werde;

nicht wie der Bund, den ich mit ihren Vätern schloss an dem Tag, da ich sie bei der Hand ergriff, um sie aus dem Land Ägypten herauszuführen; denn sie haben meinen Bund gebrochen, obwohl ich doch ihr Eheherr war, spricht der HERR.

Sondern das ist der Bund, den ich mit dem Haus Israel nach jenen Tagen schließen werde, spricht der HERR: Ich will mein Gesetz in ihr Innerstes hineinlegen und es auf ihre Herzen schreiben, und ich will ihr Gott sein, und sie sollen mein Volk sein;

und es wird keiner mehr seinen Nächsten und keiner mehr seinen Bruder lehren und sagen: »Erkenne den HERRN!« Denn sie werden mich alle kennen, vom Kleinsten bis zum Größten unter ihnen, spricht der HERR; denn ich werde ihre Missetat vergeben und an ihre Sünde nicht mehr gedenken!

(Jeremia 31, Verse 31 bis 34)

- Die Gesetzgebung

Das bedeutet die Vermittlung sowie die Auslegung der Tora, des WORTES GOTTES.

- **Der Gottesdienst**
Angelehnt an das Vorbild des levitischen Opferdienstes.

- **Die Verheißungen**
Die göttlichen Versprechungen bezüglich Land, Nachkommen, Wohlergehen, MESSIAS, HEILIGER GEIST, die Auferstehung von den Toten, der neue Himmel und die neue Erde gelten primär den Israeliten - durch JESUS CHRISTUS sind wir nun Teilhaber.

- **Die Väter**
Denn Abraham, Isaak und Jakob, sowie dessen 12 Söhne gehören nun auch in unseren Stammbaum'.

- **Die Herkunft des MESSIAS**
Die biologische Abstammung und das geschichtliche Kommen des MESSIAS aus dem Judentum sind nach GOTTES PLAN geschehen und deshalb auch für uns sehr wichtig – das jüdische Volk hat einen hohen Preis dafür bezahlt!

- **Die Agape-Liebe**
Ist eine von GOTT selbst inspirierte-, uneigennützige-, leidenschaftliche-, barmherzige- und bedingungslose Liebe zum jüdischen Volk. Weil GOTT SEIN Volk voller Barmherzigkeit und Trost liebt, sind sie – bei aller Zucht, bei allem Gericht – doch ‚Geliebte um der Väter willen'…

Hinsichtlich des Evangeliums
sind sie zwar Feinde um euretwillen,
hinsichtlich der Auserwählung
aber Geliebte um der Väter willen.

(Römer 11, Vers 28)

…sind sie wie GOTTES Augapfel…

Denn so spricht der HERR der Heerscharen: Nachdem die Herrlichkeit [erschienen ist], hat er mich zu den Heidenvölkern gesandt, die euch geplündert haben; denn wer euch antastet, der tastet seinen Augapfel an!

(Römer 11, Vers 28)

92

...sind sie GOTTES Erstlingsvolk...

Wenn aber die Erstlingsgabe heilig ist, so ist es auch der Teig,
und wenn die Wurzel heilig ist, so sind es auch die Zweige.

(Römer 11, Vers 16)

WIE DU FÜR ISRAEL ZUM SEGEN WIRST

- **TRÖSTET MEIN VOLK** *(Jes.40:1-2):*
  Auch wenn sich alle Völker, Regierungen, Organisationen oder
  Medien gegen Israel stellen – hier bin ich und ich stelle mich
  freundschaftlich, verständnisvoll und liebevoll an die Seite des
  jüdischen Volkes.

- **DEM JÜDISCHEN VOLK HELFEND ZUR SEITE STEHEN**
  Ganz praktische Hilfe *(Jesaja 60, Vers 10 und 61, Vers 5)* beim
  Wiederaufbau der zerstörten Städte, in der Landwirtschaft und
  in den Kibbuzim – aber auch die Zahlungen aus Deutschland
  und den USA haben bisher gut geholfen. Immer mehr Christen
  helfen auf ganz vielfältige Weise und viele junge Glaubensgeschwister dienen als Volontäre ein- oder mehrere Jahre ganz
  praktisch in Israel.

- **PROPHETISCHE STIMME IN DEN NATIONEN SEIN**
  Wir können die Zeiten der Wiederherstellung, Zeiten der Gnade
  und des Erbarmens GOTTES über SEINEM Bundesvolk auch in
  Deutschland auszurufen *(Jeremia 31, Verse 7 bis 10)*. GOTT ist
  treu zu Israel. ER hält SEIN Wort und SEINEN Bund.
  „Wenn ihr euch mit dem jüdischen Volk anlegt, dann legt ihr
  euch mit GOTT selbst an: Wehe euch!"
  Wehe uns! - Wir müssen unsere Stimme für Israel in Deutschland erheben – gegen Rechtsradikale und Antisemiten, in unserem unmittelbaren Umfeld genauso, wie in den Medien und Organisationen unseres Landes – sie alle sollen unsere Stimme

deutlich hören, als eine klare Demonstration der Solidarität mit Israel.

- **FÜR ISRAEL BETEN** (Jesaja 62, Verse 1 bis 2 und 6 bis 7)
  Wir beten gemäß dem WORT GOTTES, denn nur wenn wir das tun, haben wir die Zuversicht, dass ER hört und antwortet – in SEINER Zeit.

- **BEI DER RÜCKKEHR (ALIJA) NACH ISRAEL HELFEN**
  Wir Christen können den Juden auf ganz unterschiedlichen Wegen, die in GOTTES Willen liegende Rückkehr in ihr verheißenes Land ermöglichen…

So spricht Gott der HERR:
Siehe, ich will meine Hand zu den Heiden hin erheben
und für die Völker mein Banner aufrichten.
Dann werden sie deine Söhne in den Armen herbringen
und deine Töchter auf der Schulter hertragen.

(Jesaja 49, Vers 22)

GOTTES NEUER MENSCH

Durch SEINEN Tod hat CHRISTUS alle bis dahin gültigen Zeremonialgesetze – die Feste und Opfer des Alten Testaments, durch die sich die Juden von den Heiden unterschieden – abgeschafft.

GOTTES Moralgesetz – dass die zehn Gebote zusammenfast und ‚in die Herzen der Menschen geschrieben ist‘ – wurde jedoch nicht abgeschafft, sondern in den ‚Neuen Bund‘ eingeordnet, weil dieses Moralgesetz ‚GOTTES eigenes heiliges Wesen‘ widerspiegelt. CHRISTUS schließt niemanden aus, der zu ihm kommt und unter ‚DEN SEINEN‘ bestehen keinerlei trennende Unterschiede mehr.

‚Neu‘[1] ist im Grunde ‚ein Wort‘, das ‚eine Sache‘ bezeichnet, die vollkommen anders ist als vorher. Es ist eine Andersartigkeit ‚in Art und Qualität‘. Geistlich gesehen ist also ein NEUER MENSCH IN CHRISTUS kein Jude oder Heide mehr, sondern einfach ein ‚Jünger Jesu‘ – ein Christ. Das klingt schön, einleuchtend und einfach und das ist es auch – für GOTT! ER hat es sich schließlich ausgedacht – für uns, für Juden und Heiden. Wir, SEINE Geschöpfe, müssen es nun allerdings auch ‚umsetzen‘. Damit tun wir uns seit 2000 Jahren ziemlich schwer.

---

[1] im Zusammenhang mit dem NEUEN BUND

Das ‚Geheimnis GOTTES in CHRISTUS‘ wird in diesen letzten Tagen enthüllt.

So war denn auch die ‚Auferstehung des Volkes Israel‘ im 20. Jahrhundert kein Zufall und umfasst ein dramatisches Geschehen:

Die Braut des MESSIAS wird aus den verschiedenen Nationen herausgerufen und die nationale und geistliche Auferstehung Israels wird innerhalb des Landes Israel Wirklichkeit!

So wie der VATER in SEINEM SOHN alle Dinge zusammenfasst, liegt es IHM am Ende dieses Zeitalters ganz offensichtlich am Herzen, in IHM auch SEINE wunderbare neue Schöpfung, den einen ‚NEUEN MENSCHEN‘, begreiflich und anschaulich zu machen…

indem er in seinem Fleisch die Feindschaft,
das Gesetz der Gebote in Satzungen, hinwegtat,
um die zwei in sich selbst zu einem neuen Menschen zu schaffen
und Frieden zu stiften,
(Epheser 2, Vers 15)

Diese Schöpfung, die ‚weder Jude noch Nichtjude‘ ist, aber ‚aus Beiden‘ hervorkommt, nimmt ganz das Wesen und das Leben des SOHNES GOTTES an…

Da ist weder Jude noch Grieche, da ist weder Knecht noch
Freier,
da ist weder Mann noch Frau;
denn ihr seid alle einer in Christus Jesus.
(Galater 3, Vers 28)

Sie ist die einzigartige Veranschaulichung von Demut und Einheit. In dieser Symbiose von Demut und Einheit findet der volle Segen eines Lebens seinen wunderbarsten Ausdruck – und das reicht bis in die Ewigkeit hinein…

Siehe, wie fein und wie lieblich ist's,
wenn Brüder in Eintracht beisammen sind!
Wie das feine Öl auf dem Haupt, das herabfließt in den Bart,
den Bart Aarons, das herabfließt bis zum Saum seiner Kleider;
wie der Tau des Hermon, der herabfließt auf die Berge Zions;
denn dort hat der HERR den Segen verheißen, Leben bis in
Ewigkeit.

(Psalm 133)

HEILUNG UND WIEDERHERSTELLUNG DURCH VERGEBUNG

Bevor wir ,Christen aus den Nationen' vollständig verstehen und wertschätzen können, wer ,das Volk Israel' wirklich ist, und bevor Israel in die ,volle Umarmung seines MESSIAS JESCHUA' hineinkommen kann, muss erst noch tiefe Versöhnung zwischen ,diesen beiden' geschehen.

Es ist leider eine Tatsache, dass ,beide Seiten' vor GOTT und aneinander versagt haben – wir brauchen Heilung und Wiederherstellung und wir müssen einander vergeben, ,damit uns vergeben werden kann'.

Laut Bibel hat das jüdische Volk sowohl sich selbst, als auch sein Land, mit Unreinheit und Unglauben beschmutzt. Desgleichen haben wir ,Christen aus den Nationen' unsere grundlegende Hingabe an CHRISTUS verlassen und uns über Jahrhunderte durch ,weltlichen Humanismus' infizieren, sowie durch und durch verderben lassen.

Stolze Rechthaberei zerteilt. Wir ‚Christen aus den Nationen' sind durch die ‚Trennung von unseren jüdischen Wurzeln' schuldig geworden. Diese Trennung hat Antijudaismus, Antisemitismus und Vorurteilen gegen den Staat Israel Vorschub geleistet und tiefe Wunden der Ablehnung und Zerstörung hinterlassen.

GOTT HAT DIE FEINDSCHAFFT ZWISCHEN UNS BESEITIGT

Paulus erinnert die nichtjüdischen Jünger – also uns – in dem 2. Kapitel seines Briefes an die Epheser an unser heidnisches Erbe, indem er betont:

dass ihr in jener Zeit ohne Christus wart,
ausgeschlossen von der Bürgerschaft Israels
und fremd den Bündnissen der Verheißung;
ihr hattet keine Hoffnung und wart ohne Gott in der Welt.

(Epheser 2, Vers 12)

Obwohl diese Jünger damals in einer hoffnungslosen Situation sind, tröstet sie der Paulus mit der Wahrheit:

Jetzt aber, in Christus Jesus, seid ihr,
die ihr einst fern wart, nahe gebracht worden
durch das Blut des Christus.

(Epheser 2, Vers 13)

Der Apostel erklärt weiter, dass GOTT durch CHRISTUS die Feindschaft zwischen Juden und Nicht-Juden abgeschafft, die trennende Mauer niedergerissen und beide

Gruppen zu **einem** – zu GOTTES neuem Menschen – vereinigt hat:

indem er in seinem Fleisch die Feindschaft,
das Gesetz der Gebote in Satzungen, hinwegtat,
um die zwei in sich selbst zu einem neuen Menschen zu schaffen
und Frieden zu stiften,

(Epheser 2, Vers 15)

Nur durch das Erlösungswerk JESCHUA HAMASCHIACHS werden diese beiden scheinbar unversöhnlichen Gruppen, die so oft in tödlicher Feindseligkeit und Streit gefangen lagen, zu **einem Leib** zusammengefügt. Diese Einheit ist so stark, dass die Bibel bezeugt:

Denn durch IHN²haben wir alle beide
in einem Geist den Zugang zum Vater.

(Epheser 2, Vers 15)

Solch ein großes Wunder konnte nur geschehen, weil unser VATER diesen Wunsch in SEINEM Herzen trägt:

Unser GOTT sehnt sich nicht nur danach, möglichst viele Seelen vor der ewigen Verdammnis zu retten, sondern ER möchte sich für ewig mit ‚SEINEN Menschen‘ umgeben. SEINE Menschen, die voller Glaube, Vision und Leidenschaft sind und für die der Zielpunkt das ‚Zuhause GOTTES‘, ‚SEINE Familie‘ und ‚SEINE ewige Wohnung‘ ist.

Bruder Paulus entfaltet diese wunderbare Offenbarung immer weiter und weiter – mit Worten, die einer ‚göttlichen Bauanleitung‘ gleichkommen. Er beschreibt

---

2 unseren gemeinsamen HERRN

‚das neu geschaffene Volk' – das aus jüdischem- und heidnischem Erbe hervorgegangen ist und ‚CHRISTUS selber' immer ähnlicher wird – er beschreibt das als ‚Baumaterial' eines ‚ganzen Baues' der durch JESUS CHRISTUS zusammengehalten wird…

auf welchem der ganze Bau ineinandergefügt wächst
zu einem heiligen Tempel in dem Herrn.

(Epheser 2, Vers 21)

Hier kommt nun das wunderbare Ziel des Ganzen:

Durch ihn werdet auch ihr mit erbaut
zu einer Wohnung Gottes im Geist.

(Epheser 2, Vers 22)

Wenn sich Juden und Nichtjuden einander in äußerster Demut begegnen und alle trennenden Dinge beiseitelegen, um ‚**GOTTES neuer Mensch**' zu werden, dann wird daraus die größte Herrlichkeit entstehen, die uns als Merkmal des vervollständigten Hauses GOTTES versprochen ist.

Das größte Wunder dabei ist, dass jene Qualitäten und positiven Eigenschaften, die GOTT in ‚**SEINER Schöpfung des einen neuen Menschen**' geschaffen hat, nun auch die Wesens-Struktur beider, der Juden und der Nichtjuden, prägen wird – in ‚völliger Einheit' miteinander verwoben und einzig auf CHRISTUS hin ausgerichtet. Halleluja!

So wie damals Juden und Nichtjuden zusammenwirkten, um den HERRN zu kreuzigen, so müssen sich auch heute Juden und Nichtjuden wieder vereinen; diesmal aber, um in vollem Maß ‚die Auferstehungskraft des HERRN' zu demonstrieren:

Siehe, wie fein und wie lieblich ist's,
wenn Brüder in Eintracht beisammen sind!

Wie das feine Öl auf dem Haupt,
das herabfließt in den Bart,
den Bart Aarons,
das herabfließt bis zum Saum seiner Kleider;

wie der Tau des Hermon,
der herabfließt auf die Berge Zions;
denn dort hat der HERR den Segen verheißen,
Leben bis in Ewigkeit.

(Psalm 133, Verse 1 bis 3)

HERAUSFORDERUNG ANTISEMITISMUS

Als ‚Christen aus den Nationen' kann und darf uns das Schicksal Israels und der Juden nicht gleichgültig lassen. Und JESU Maßstab ist in diesem Vers auf den Punkt gebracht...

> *Und der König wird ihnen antworten und sagen:*
> *Wahrlich, ich sage euch:*
> *Was ihr einem dieser meiner geringsten Brüder getan habt,*
> *das habt ihr mir getan!*

(Epheser 2, Vers 22)

...und gilt zuallererst unserem heidenchristlichen Verhalten gegenüber den Juden.

Als LEIB CHRISTI sind wir herausgefordert, uns ‚ohne Wenn und Aber' den folgenden Tatsachen zu stellen:

- Wir ‚Christen aus den Nationen' sind auf einzigartige Weise mit dem jüdischen Volk verbunden *(lies dazu Römer 11)*.

- Wir ‚Christen aus den Nationen' haben uns auf erschütternde Weise am jüdischen Volk versündigt.

- Als ‚Salz und Licht' dieser Welt haben wir ‚Christen aus den Nationen' die Beauftragung und Vollmacht, den destruktiven gesellschaftlichen Kräften und allen dahinter stehenden geistlichen Mächten in diesem un-

serem Land, **im Geist und in der Kraft** JESU entge-
genzutreten…

Wenn aber etliche der Zweige ausgebrochen wurden
und du als ein wilder Ölzweig unter sie eingepfropft bist
und mit Anteil bekommen hast an der Wurzel
und der Fettigkeit des Ölbaums,

so überhebe dich nicht gegen die Zweige!
Überhebst du dich aber, [so bedenke]:
Nicht du trägst die Wurzel,
sondern die Wurzel trägt dich!

Nun sagst du aber: „Die Zweige sind ausgebrochen worden,
damit ich eingepfropft werde".

Ganz recht! Um ihres Unglaubens willen sind sie
ausgebrochen worden; du aber stehst durch den Glauben.
Sei nicht hochmütig, sondern fürchte dich!

Denn wenn Gott die natürlichen Zweige nicht verschont hat,
könnte es sonst geschehen,
dass er auch dich nicht verschont.

(Römer 11, Verse 17 bis 21)

Die Warnung in Joel 4, Vers 2 gilt als Gerichtsmaßstab
unseres GOTTES über allen Nationen…

da werde ich alle Heidenvölker versammeln
und sie ins Tal Josaphat hinabführen;
und ich werde dort mit ihnen ins Gericht gehen
wegen meines Volkes und meines Erbteils Israel,
weil sie es unter die Heidenvölker zerstreut
und mein Land verteilt haben;

(Joel 4, Vers 2)

ADHONÁJ – DER GOTT ISRAELS, ER ist auch UNSER VATER und hat die Heilsgeschichte und ‚unser Schicksal auf diesem Planeten' ein für alle Mal mit **Israel** verwoben!

EINE EINZIGARTIGE VERBINDUNG

Die einzigartige Verbindung von uns ‚Christen aus den Nationen' mit dem jüdischen Volk stellt Paulus im Römerbrief im Bild eines Ölbaums dar:

Der ‚Ölbaum' als Ganzes steht für das jüdische Volk.

Die ‚ausgebrochenen Zweige' sind ein Bild für die Mehrheit des jüdischen Volkes, die JESUS als MESSIAS ablehnten, aber ausdrücklich die Verheißung haben, ‚wieder eingepfropft' zu werden!

Wir ‚Christen aus den Nationen' werden von Paulus als ‚die in den Ölbaum eingepfropften wilden Zweige' dargestellt, die – durch JESUS – an der ‚ganzen Fülle des geistlichen Reichtums und Erbes des jüdischen Volkes' teilhaben dürfen! (lies Römer 9, Verse 4 bis 5 und Epheser 2, Vers 12 u.a.).

Vor diesem Hintergrund ermahnt Paulus uns ‚Christen aus den Nationen', dass wir uns dem jüdischen Volk gegenüber eine Haltung der ‚Wertschätzung und der Dankbarkeit' zu Eigen machen sollen – auch wenn sie im Moment noch mehrheitlich JESCHUA als ihren MESSIAS ablehnen. Mehr noch: dass wir uns von GOTT eine tiefe Liebe zu diesem Volk schenken lassen, die sie ‚zur Eifersucht reizt'.

Eifersüchtig kann nur ‚CHRISTUS in uns' machen und nur eine von JESCHUA gespeiste ‚Liebe zu SEINEM Volk'!

Ausdrücklich warnt Paulus davor, uns als ‚Christen aus den Nationen' über das jüdische Volk zu erheben und stolz zu werden!

UNSERE UNFASSBARE SCHULD

Die unfassbare Schuld der ‚Christen aus den Nationen' am jüdischen Volk resultiert unter vielem anderem auf einer verhängnisvollen theologischen Weichenstellung der Kirchenväter.

Vor dem Hintergrund anhaltender Konflikte zwischen Juden und Christen, sowie der Tragödie der beiden verlorenen jüdischen Kriege 70 und 135 nach Christus – der Zerstörung des Tempels und Jerusalems sowie der weltweiten Zerstreuung des jüdischen Volkes – kamen diese Männer praktisch ausnahmslos zu dem Urteil, dass ‚GOTT das jüdische Volk auf ewig verworfen habe'.

Sie bestimmten, dass ‚die christliche Kirche' deshalb nun ‚den Platz Israels eingenommen habe' und nun ‚für immer die einzige Trägerin aller Verheißungen und

ORIGENES AUS ALEXANDRIEN - stellte Anfang des 3. Jahrhunderts mit der aus dem Neuplatonismus übernommenen Methode der "allegorischen Auslegung" den Kirchenvätern und allen weiteren Theologen-Generationen das entscheidende theologische Handwerkszeug zur Verfügung. Dieser übertragenen Auslegung wurde ein höherer Wert als einer wort-wörtlichen zugemessen. Alle Verheißungen, die im Alten Testament dem Volk Israel zugesprochen sind, wurden auf die Kirche übertragen. Alle Flüche und Gerichtsverheißungen des Alten Testaments wurden wortwörtlich, bleibend und ausschließlich dem jüdischen Volk zugedacht. (Quelle:Wikipedia)

Segnungen GOT-
TES' sei.

Das ist die Kernaussage der so genannten ,Substitutionsleh-re' – die auch als ,Enterbungstheo-logie' oder ,Er-satztheologie' be-zeichnet wird.

Zu der Schuld, die Kirchenmän-ner wie Origenes

aus Alexandrien am Anfang des 3. Jahrhunderts, oder der Bischof von Antiochien, Johannes Chrysostomus (354-407) auf sich geladen haben, sei nur so viel gesagt, dass sie erheblichen Einfluss auf die zunehmende Entrechtung der Juden im Zeitalter des römischen Staatskirchentums und auf die Entstehung der falschen Anschuldigungen, Pogrome und Vertreibungen im Mittelalter hatten.

REFORMATION UND CHRISTLICHER ANTISEMITISMUS

Der Reformator Martin Luther hoffte zunächst, die Juden für das Christentum gewinnen zu können. Als ihm dies jedoch nicht gelang, entwickelte er ,einen brennenden Zorn' gegen sie, der sich in verschiedenen schriftlichen Veröffentlichungen wiederspiegelte und in unzähligen hasserfüllten antijüdischen Predigten niederschlug.

In seiner Schmähschrift ‚Schem Hamphoras' schrieb Luther, an Chrysostomus erinnernd, beispielsweise:

„Juden sind Brunnenvergifter, rituelle Mörder, Wucherer, Parasiten der christlichen Gesellschaft, schlimmer als Teufel, schwerer zu bekehren als Satan selbst. Sie sind zur Hölle verdammt. Sie sind in Wahrheit der Antichristus. Ihre Synagogen sollen zerstört und ihre Bücher verboten werden. Sie sollen gezwungen werden, mit ihren Händen zu arbeiten oder besser noch, sie sollen von den Fürsten aus deren Gebiet verjagt werden."

Diese Worte blieben nicht ohne Wirkung. In den 150 bis 200 Jahren nach der Reformation wurden auch in protestantischen Regionen sowohl von Seiten der Kirchenfürsten als auch von Seiten der weltlichen Territorialfürsten verschiedenste Formen von Diskriminierungen, GhettoBildung und Vertreibungen zugelassen oder veranlasst.

Weitreichender noch ist vielleicht die Tatsache, dass durch diese Weichenstellung Luthers große Teile des Protestantismus, einschließlich der meisten Freikirchen, die ‚Ersatztheologie' der Kirchenväter bewusst oder unbewusst übernommen haben. Und nicht zuletzt hat sich auch das nationalsozialistische Regime immer wieder ausdrücklich auf den Reformator Luther berufen.

Erst später kam es im deutschsprachigen Raum durch Männer wie zum Beispiel der Graf Ludwig von Zinzendorf, der dem Pietismus nahestand, in weiteren Kreisen des Protestantismus zu einer veränderten Einstellung gegenüber dem jüdischen Volk und somit unseren jüdischen Wurzeln.

Die ‚Ersatztheologie' ist allerdings als eine der verhängnisvollsten Irrlehren überhaupt zu betrachten. Bei der ganzen Vielfalt des Versagens und der Verirrungen der christlichen Kirche im Verlauf ihrer fast zweitausendjährigen Geschichte, stellt der ‚christliche Antisemitismus' den ‚konkurrenzlosen Höhepunkt' aller christlicher Schuld dar.

Der Pietismus ist nach der Reformation die wichtigste Reformbewegung im kontinentaleuropäischen Protestantismus. Theologisch versteht sich der Pietismus als eine Besinnung auf zentrale Anliegen der Reformation, die jedoch durch die Aufnahme anderer Traditionsstränge in spezifischer Weise umgeformt wurden. Das fromme Subjekt rückt in den Fokus der pietistischen Bewegung, die reine Lehre sowie die kirchliche Einheit geraten dabei in den Hintergrund. (Quelle:Wikipedia)

So wurde Deutschland in den letzten tausend Jahren das Land, in dem sich diese schuldhaften Verirrungen und Entgleisungen am dauerhaftesten und verhängnisvollsten ausgewirkt haben. Dabei ist der Massenmord der Nazis an den Juden als die furchtbare Ernte einer lang anhaltenden Saat anzusehen, für welche die Christenheit aus den Nationen die Hauptverantwortung trägt.

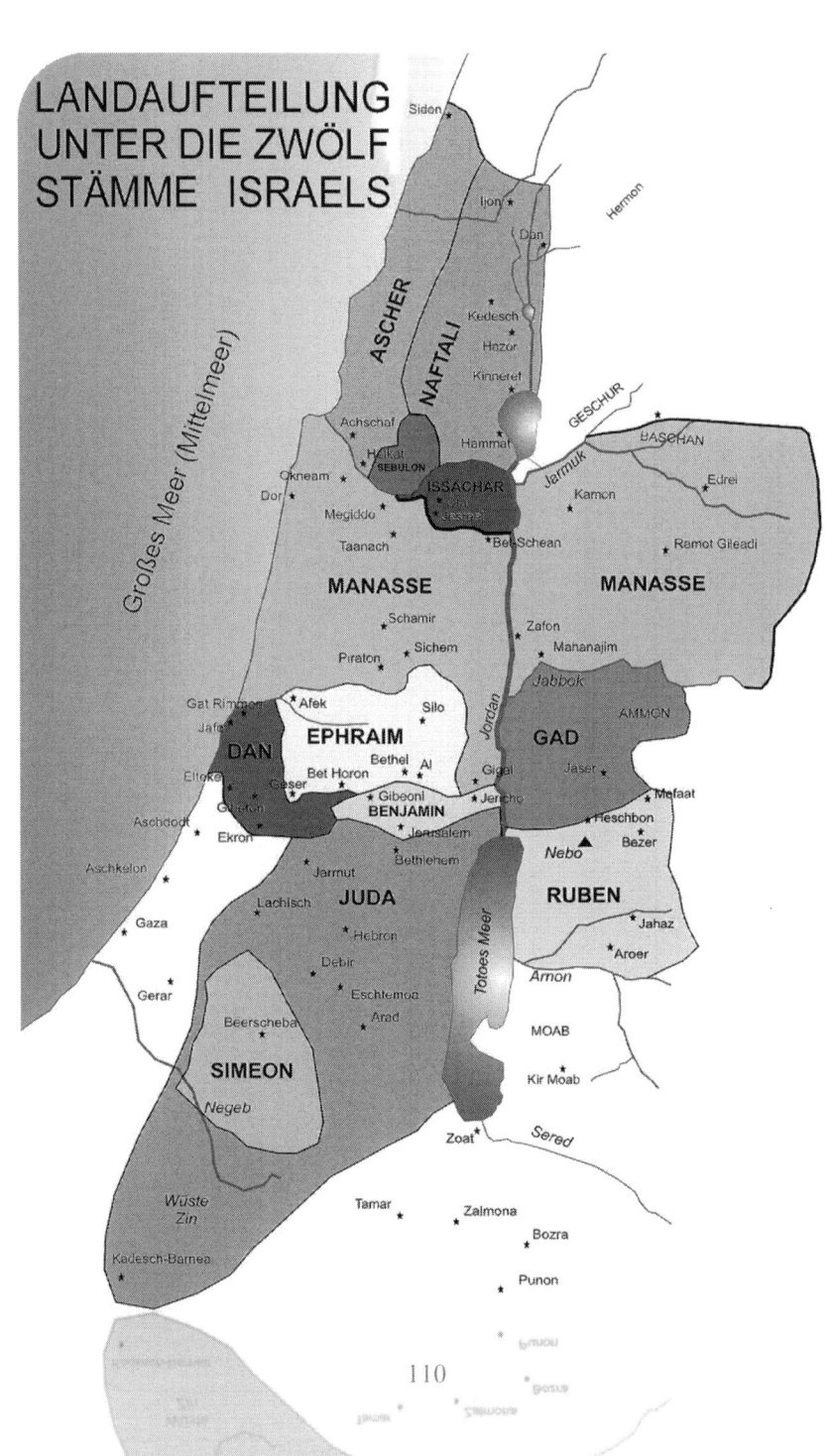

LANDAUFTEILUNG
UNTER DIE ZWÖLF
STÄMME ISRAELS

DAS LAND ISRAEL

Kaum ein Thema wird emotionaler in den Medien ausgetragen, als der Nahost Konflikt. Der Streit um das Land Israel tobt in den Vereinten Nationen genauso, wie in Kirchengemeinden, Gaststätten und Wohnzimmern.

Wir, als Nachfolger JESU, sollten uns jedoch fragen, was GOTTES Wort dazu sagt.

GOTT STEHT UNERSCHÜTTERLICH ZU SEINEM WORT

Israels Besitzrecht auf das Land Kanaan gründet auf Verheißungen EL SCHADDÁJ'S . Nicht nur einmal, sondern immer wieder, verspricht GOTT dem Abraham, ‚ihm und seinen Nachkommen' ein Land zu geben…

Der HERR aber sprach zu Abram,
nachdem sich Lot von ihm getrennt hatte:
Hebe doch deine Augen auf und schaue von dem Ort,
wo du wohnst, nach Norden, Süden, Osten und Westen!

Denn das ganze Land, das du siehst,
will ich dir und deinem Samen geben auf ewig.

(1.Mose 13, Verse 14 und 15)

Die Stammväter Isaak und Jakob erhalten dieselben göttlichen Verheißungen. Durch Mose und in den Psalmen werden sie wiederholt bestätigt und können in allen prophetischen Büchern wiedergefunden werden. Die Stärke und Verbindlichkeit dieser biblischen Aussagen sind unmissverständlich und kaum zu übertreffen.

So erfahren wir im 1. Buch Mose, im Kapitel 15, wie DER GOTT ISRAELS die genauen Grenzen des von IHM verheißenen Landes aufzeigt und wie ER das Versprechen an Abraham durch einen Bund bekräftigt...

An jenem Tag machte der HERR einen Bund mit Abram und sprach: Deinem Samen habe ich dieses Land gegeben, vom Strom Ägyptens bis an den großen Strom, den Euphrat:

(1.Mose 15, Vers 18)

Wenn in biblischen Zeiten zwei Vertragspartner miteinander einen Bund schlossen, dann wurden ein- oder mehrere Opfertiere in zwei Hälften geteilt und gegenüberliegend aufgereiht. Beide Bündnispartner schritten dann gemeinsam zwischen den Tierhälften hindurch und besiegelten damit ihr Abkommen. Als ADHONÁJ SEINEN Bund mit Abraham schloss, ging GOTT jedoch alleine – in Form eines feurigen Ofens und einer Feuerfackel – durch diese Tierhälften hindurch, während Abraham schlief...

Und es geschah, als die Sonne anfing sich zu neigen, da fiel ein tiefer Schlaf auf Abram, und siehe, Schrecken und große Finsternis überfielen ihn.

(1.Mose 15, Vers 12)

Der Bund, den GOTT mit Abraham schloss, war also ein einseitiger Bund, bei dem ADHONÁJ ausdrückte:

„Gleichgültig, was du oder was deine Nachkommen auch tun werden – ICH schließe heute mit dir, Abraham, einen Bund, um dir und deinen Nachkommen dieses Land zu geben."

Es ist dieser Bund GOTTES und die Vielzahl von Verheißungen, auf denen ‚biblischer Zionismus' gegründet ist. Der Glaube an die Bündnistreue GOTTES und daran, dass ER SEINE Verheißungen erfüllt, ist das Fundament für unsere Freundschaft und Solidarität zum jüdischen Volk.

meinen Bund will ich nicht ungültig machen und nicht ändern, was über meine Lippen gekommen ist.

(Psalm 89, Vers 35)

EINE UNVERRÜCKBARE BEDINGUNG IST EINZUHALTEN

In der Bibel ist allerdings nicht ausschließlich vom Besitzrecht die Rede, sondern auch von einem Wohnrecht des jüdischen Volkes im Lande Israel. Im 5. Buch Mose finden wir mehr, als in allen anderen Büchern der Heiligen Schrift, die Bedingungen aufgezeigt, die GOTT an Israel stellt, damit sie im „verheißenen Land" wohnen können.

Wenn das Volk Israel dieses Land einnehmen will, um dort zu leben, muss es das nach GOTTES GEBOTEN tun. Das Recht, dort zu sein, hängt vom ‚geistlichen Zustand' des Volkes Israel selbst ab.

Das 28. Kapitel des 5. Mose Buches über ‚Segen und Fluch' fasst dies in dramatischer Weise zusammen. Wenn Israel die Gebote des HERRN befolgt, dann…

Der HERR wird dem Segen gebieten,
dass er mit dir sei in deinen Scheunen und in allem,
was du unternimmst, und er wird dich segnen in dem Land,
das dir der HERR, dein Gott, gibt.

(5.Mose 28, Vers 8)

113

Sollte es sich aber von GOTT abwenden und stattdessen fremden Göttern dienen, dann wird die unabwendbare Folge sein...

Und wie der HERR sich euretwegen zuvor freute,
euch Gutes zu tun und euch zu mehren,
so wird der HERR sich euretwegen freuen,
euch zu verderben und euch zu vertilgen,
und ihr werdet herausgerissen werden aus dem Land,
in das du jetzt ziehst, um es in Besitz zu nehmen.

(5.Mose 28, Vers 63)

ÜBER ZWEI SEITEN DERSELBEN MEDAILLE

In der biblischen Sicht der Landfrage Israels gibt es also zwei unterschiedliche Betrachtungsweisen, wobei jeder dieser Aspekte eine Seite derselben Medaille repräsentiert:

- Das Land gehört GOTT und er hat es dem Volk Israel anvertraut. Die Bibel wiederholt diese Tatsache immer wieder, und GOTT hat dies durch SEINEN Bund bestätigt.

  Ihr sollt das Land nicht für immer verkaufen;
  denn das Land gehört mir,
  und ihr seid Fremdlinge und Gäste bei mir.

  (3.Mose 25, Vers 23)

- Das Wohnrecht und das Recht, in den Genuss der Segnungen des Landes zu kommen, sind allerdings vom ‚geistlichen Zustand des Volkes Israel‘ abhängig.

Diese beiden Seiten derselben Medaille sollten wir sehr genau untersuchen, um nicht unausgewogenen- oder gar extremistischen Lehren zu glauben. Wenn wir den Aspekt ‚dass das Land GOTT gehört‘ ignorieren und unseren Fokus lediglich auf den von GOTT erwarteten ‚geistlichen Zustand des Volkes‘ setzen – den Israel zum größten Teil noch nicht erlangt hat – dann laufen wir Gefahr, in die sogenannte Ersatztheologie, ja sogar in den Antisemitismus abzudriften.

Wenn wir andererseits den zweiten Aspekt außer Acht lassen und uns lediglich auf die Landfrage konzentrieren, werden wir letzten Endes einer rein nationalistischen Sichtweise folgen, die die Abhängigkeit von GOTT missachtet und rein politische Ziele verfolgt.

Wenn du die Geschichte Israels nur sehr vordergründig betrachtest, fällt dir sofort auf, dass dieses Volk ständig Grenz- oder Landprobleme hat. In Wahrheit hatte und hat Israel jedoch durchgehend Probleme mit seinem GOTT!

Aufgrund dieser Tatsache entstanden zahlreiche politische- und militärische Konflikte, welche die Sicherheit und Existenz des Staates bedrohten. Sobald Israel jedoch ‚seinen GOTT‘ suchte, war Er ‚eine feurige Mauer um SEIN Volk herum‘…

und ich selbst, spricht der HERR,
will eine feurige Mauer um es her sein
und Herrlichkeit in seiner Mitte.

(Sacharja 2, Vers 9)

Eines der größten Wunder in der modernen Menschheitsgeschichte ist zweifellos die Wiederherstellung des Volkes- und Staates Israel. Sei es die Rückkehr der Juden aus über 100 Nationen der Welt; sei es die Bepflanzung des Landes oder der Aufbau der Städte Israels – all diese Entwicklungen tragen das Kennzeichen prophetischer Erfüllung.

Allerdings kehrt Israel zu weiten Teilen als ,säkulares Volk' zurück, das sich nur wenig von den übrigen Nationen unterscheidet. Nur eine Minderheit in Israel sieht heute in der Wiederherstellung des Landes die HAND GOTTES. Eine große Mehrheit des Volkes sieht vielmehr den Pioniergeist der Gründergeneration, die menschlichen Errungenschaften jüdischen Forschergeistes oder die Überlegenheit der israelischen Armee, als das, was den Staat Israel zu dem machten, was er heute ist.

Hohe Abtreibungsraten, Verstrickungen in fernöstliche Religionen und schlimmste moralische Entgleisungen kennzeichnen in diesen Tagen nicht nur das Leben in unserem Lande sowie in der gesamten westlichen Welt, sondern sind gleichfalls Merkmale der Gesellschaft des Staates Israel.

So ergreift GOTT derzeitig offensichtlich korrektive Maßnahmen, um die Aufmerksamkeit SEINES VOLKES zu gewinnen. Wie ein liebender Vater seine Kinder züchtigt, versucht GOTT das Herz dieses Volkes zu gewinnen. Dies mag auch bedeuten, dass sich für eine befristete Zeit die Grenzen Israels verändern werden, und dass der Druck auf das Volk- und Land Israel weiter zunehmen wird. Eines ist jedoch sicher: ADHONÁJ wird Israel nicht noch einmal aus dem Lande vertreiben. GOTT hat das jüdische Volk nicht zurückgebracht, um es erneut in die Diaspora zu verbannen – ER brachte die Juden zurück, um sie als Volk mit SICH zu versöhnen. Alle prophetischen Berichte über die endzeitliche Wiederherstellung Israels enden mit einem Ausblick, den Paulus so formuliert…

und so wird ganz Israel gerettet werden, wie geschrieben steht:
„Aus Zion wird der Erlöser kommen
und die Gottlosigkeiten von Jakob abwenden,
und das ist mein Bund mit ihnen,
wenn ich ihre Sünden wegnehmen werde."

(Römer 11, Vers 26)

Insofern darf die Frage nach den Grenzen Israels nicht losgelöst von der geistlichen Entwicklung des Landes gesehen werden. Hier unterscheidet sich der ‚biblischer Zionismus' deutlich vom ‚politischem Zionismus'.

Als ‚Christ aus den Nationen' möchte ich hier noch einmal deutlich erklären: **Das Land Kanaan ist der ewige Besitz des jüdischen Volkes!**

Kein anderes Volk hat ein biblisches Anrecht auf

Der religiös motivierte Zionismus

bezieht sich auf die biblischen Verheißungen über Zion und Israel und sieht Politik lediglich als ein Mittel an, um das endzeitliche Friedensreich zu schaffen. Manche religiöse Gruppen lehnen den politischen Zionismus vollständig ab (z.B. Teile des ultraorthodoxen Judentums); man solle demütig auf die Ankunft des Messias warten, statt zu versuchen, das Friedensreich mit politischen Mitteln selbst aufzurichten.

Der politisch motivierte Zionismus

dagegen kann auch religiöse Elemente beinhalten; es gibt aber auch zionistische Gruppen, die völlig unreligiös sind (z.B. Teile des „sozialistischen Zionismus"). Der politische Zionismus kennt zwar auch die biblischen Zions-Verheißungen, stützt sich aber mehr auf das politische Programm Theodor Herzls.

Quelle:Institutf ür Israelogie)

dieses Land! Es gehört allein dem jüdischen Volk – verbürgt durch einen göttlichen Bund. Das Wohnrecht jedoch ist von der Beziehung Israels zu seinem GOTT abhängig. Nur eine Nation die von GOTTES GEIST erneuert ist, wird diese Bedingung erfüllen. Dieser Tag wird kommen – wenn auch durch einen Prozess der Läuterung.

DER MESSIAS UND ISRAEL

JESUS sagte von sich selbst, ER sei nur gekommen, die verlorenen Schafe Israels zu sammeln und zu retten.

Er aber antwortete und sprach:
Ich bin nur gesandt zu den verlorenen Schafen des Hauses Isra-
el.

(Mathäus 15, Vers 24)

Israel wird ohne seinen MESSIAS nicht in seine göttliche Bestimmung kommen, nämlich ‚ein Volk von königlichen Priestern‘…

Wenn ihr nun wirklich meiner Stimme Gehör schenken
und gehorchen werdet und meinen Bund bewahrt,
so sollt ihr vor allen Völkern mein besonderes Eigentum sein;
denn die ganze Erde gehört mir,

ihr aber sollt mir ein Königreich von Priestern
und ein heiliges Volk sein!
Das sind die Worte, die du den Kindern Israels sagen sollst.

(2.Mose 19, Verse 5 und 6)

…und ‚ein Licht für die Nationen‘ zu sein.

Ich, der HERR, habe dich berufen in Gerechtigkeit
und ergreife dich bei deiner Hand; und ich will dich behüten
und dich zum Bund für das Volk setzen,
zum Licht für die Heiden;

(Jesaja 42, Vers 6)

Bis heute halten vor allem orthodoxe Juden an einem Bild vom MESSIAS fest, dass überraschend stark der Vorstellung der ersten Jünger entspricht. So hat sich das Judentum immer einen ‚fundamentalen Glauben in eine messianische Figur' bewahrt und versteht den MESSIAS als ein menschliches, nicht als ein göttliches Wesen, der in der Welt gewisse Veränderungen verursachen wird. Der MESSIAS muss auch gewisse individuelle Kriterien erfüllen, bevor er als MESSIAS anerkannt wird. Diese spezifischen Kriterien sind:

- ER muss jüdisch sein.[3]
- ER muss dem Stamm Judah angehören[4] und ein direkter männlicher Nachkomme (Sohn nach Sohn) von König David[5] und König Salomon[6] sein.
- ER muss das jüdische Volk aus dem Exil versammeln und nach Israel zurückbringen.[7]
- ER muss den Tempel in Jerusalem wieder aufbauen.[8]
- ER muss den Weltfrieden bringen.[9]
- ER muss die ganze Welt beeinflussen, den einen GOTT anzuerkennen und ihm zu dienen.[10]

---

[3] 5.Mose 17, 15; 4.Mose 24, 17

[4] 1.Mose 49, 10

[5] 1.Chronik 17, 11; Psalm 89, 29-38; Jeremia 33, 17; 2.Samuel 7, 12-16

[6] 1.Chronik 22, 10; 2.Chronik 7, 18

[7] Jesaja 27, 12-13; Jesaja 11, 12

[8] Micha 4, 1

[9] Jesaja 2, 4; Jesaja 11, 6; Micha 4, 3

Alle diese Kriterien für den MESSIAS sind am besten im Kapitel 37 des Buches Hesekiel zusammengefasst:

Und mein Knecht David soll ihr König sein, und sie sollen alle einen einzigen Hirten haben. Und sie werden in meinen Rechtsbestimmungen wandeln und meine Satzungen bewahren und sie tun.

Sie werden wieder in dem Land wohnen, das ich meinem Knecht Jakob gegeben habe, in dem auch eure Väter gewohnt haben. Ja, darin sollen sie in Ewigkeit wohnen, sie und ihre Kinder und Kindeskinder; und mein Knecht David soll ihr Fürst sein auf ewig.

Ich will auch einen Bund des Friedens mit ihnen schließen; ein ewiger Bund soll mit ihnen bestehen, und ich will sie sesshaft machen und mehren; ich will mein Heiligtum auf ewig in ihre Mitte stellen.

Meine Wohnung wird bei ihnen sein, und ich will ihr Gott sein, und sie sollen mein Volk sein.

Und die Heidenvölker werden erkennen, dass ich der HERR bin, der Israel heiligt, wenn mein Heiligtum in Ewigkeit in ihrer Mitte sein wird.

(Hesekiel 37, Verse 24 bis 28)

Wenn ein Mensch nur eine dieser Bedingungen nicht erfülle, könne er nicht der MESSIAS sein. Das christliche Verständnis vom MESSIAS unterscheidet sich stark von der jüdischen Auslegung des Tenach.

---

[10] Jesaja 11, 9; Jesaja 40, 5; Zephania 3, 9

Der MESSIAS wäre demnach niemals als jemand ge-dacht, der angebetet werden sollte. SEINE primäre Mission und Errungenschaft sei es, den Weltfrieden zu bringen und die Welt mit dem Wissen und der Erkenntnis DES EINEN GOTTES zu füllen.[A]

JESCHUA wurde am 8. Tag beschnitten und als Erstgeborener ADHONÁJ im Tempel geheiligt[11]. In dem Alter, in dem heute Bar Mizwa[12] gefeiert wird, war JESCHUA im Tempel[13], lernte die Tora und wurde in der Weisung des HERRN erzogen[14]. JESCHUA ging zu den Pilgerfesten hinauf nach Jerusalem in den Tempel. SEINE Mutter Maria und ihr Mann Josef nahmen IHN jährlich zum Pessachfest mit[15].

Später ging ER zum Sukkotfest, dem Laubhüttenfest in Jerusalem[16]. Jeden Sabbat ging ER in die Synagoge und lehrte aus der Tora und den Propheten – ER bezog sich zum Beispiel auf David und ER ließ sich die Schriftrollen geben.

JESCHUA trug auch den Tallit, einen rituellen Gebetsmantel, an dessen vier Ecken Zizijot befestigt waren – Bündel von langen weißen Fäden, die mehrfach geknotet eine Quaste bildeten. Auch Tefillin, ein Paar schwarze, mit Lederriemen

Torastellen in Gebetskapsel
2. Mose Kapitel 13, Vers 1 bis 10
2. Mose Kapitel 13, Vers 11 bis 16
5. Mose Kapitel 6, Vers 4 bis 9
5. Mose Kapitel 6, Vers 13 bis 21

---

[11] Lukas 2, 21-24

[12] Jüdische Gemeinden nehmen Jungen ab 13 Jahren als vollwertige Mitglieder in der Synagoge auf. Ein jüdischer Junge wird ein **Bar Mizwa**. Das heißt ‚Sohn der Pflicht‘. (Quelle: religionen-entdecken.de)

[13] Lukas 2, 39-52

[14] Galater 4, 5

[15] Lukas 2, 41

[16] Johannes 7 und 8

versehene, kleine lederne Gebetskapseln mit handge-
schriebenen Texten aus der Tora benutzte JESCHUA regelmäßig.

JESCHUA wusste sich nur zu den verlorenen Schafen
Israels gesandt. ER wurde als ‚Rabbi‘ oder ‚Meister‘ angesprochen – wie die Gesetzeslehrer
und Schriftgelehrten der Pharisäer.

Wenn JESCHUA von ‚Der
Schrift‘ sprach, meinte er den
Tenach – bestehend aus Tora (5 Bücher
Mose), Newiim (die Propheten) und Keto-
wim (die Schriften).

Der Tenach zeugt von IHM.
Wenn ER von ‚Menschensatzungen‘
sprach, meinte ER die ‚Halacha‘ und
‚Haggada‘ des später schriftlich festgehaltenen ‚Talmud‘, eines der be-
deutendsten Schriftwerke des Judentums.

Halacha ist die rabbinische
Auslegung der Gebote der
Tora in 365 Verboten mit
Ausführungsbestimmungen
und 248 Geboten mit Ausfüh-
rungsbestimmungen.

Haggada sind talmudische
Legenden und Erzählungen.
JESUS geißelte die orale Tora,
die neben oder über die
Schrift gestellt wurde und in
der Wirkung GOTTES Gebote
aufhebt.   (Quelle:Wikipedia)

JESCHUA unterscheidet sich sehr deutlich vom ‚pharisäischen Rabbinertum‘ – der theologischen-, lebensprakti-
schen- und politischen Schule des Judentums.

- In SEINER Lehrautorität: JESCHUA bezog sich nicht auf
  die orale Tora und auf die Aussagen von Rabbinern,
  sondern sprach in eigener Vollmacht – „Wahrlich,
  wahrlich, ICH sage euch…“ oder „ICH aber sage
  euch…“.

- JESCHUA hebt das Gesetz nicht auf, sondern radikalisiert es auf ‚Verinnerlichung und Konzentration' auf ‚den Zustand unseres Herzens': - Liebe zu GOTT (1.-4. Gebot) + Liebe zu Nächsten (5.-10. Gebot) – ER stellt den ursprünglichen Sinn wieder her = Sabbat ist Gnadengeschenk GOTTES an die Menschen, nicht der Mensch ist für den Sabbat da. ER zeigt dahinter GOTTES Charakter, vor allem SEINE Liebe zu uns Menschen.

- JESCHUA heilt Kranke – unheilbar Leprakranke, Blinde, Taube, Stumme, Verkrüppelte, Lahme – ER treibt Dämonen aus, setzt Gebundene frei und weckt Tote auf.

- JESCHUA fordert zum Glauben an SICH, ALS MENSCHENSOHN, als MESSIAS auf: „Glaubt MIR, dass ICH im VATER bin und der VATER in MIR ist; wenn nicht, so glaubt MIR doch um der Werke willen!"

DER MESSIAS ERFÜLLT PROPHETIEN

Das Neue Testament zeigt, dass JESCHUA der verheißene MESSIAS für Israel ist!

330 Prophetien des Alten Testaments erfüllen sich durch die Herkunft, das Kommen, Leben, Leiden, Sterben und Auferstehen JESCHUAS.

PROPHEZEIUNG		ERFÜLLUNG
1. MOSE 3:15: „Und ich will Feindschaft setzen zwischen dir und dem Weibe und zwischen deinem Nachkommen und ihrem Nachkommen; der soll dir den Kopf zertreten, und du wirst ihn in die Ferse stechen."	Würde der „Nachkomme einer Frau" sein	*GALATER 4:4*: „Als aber die Zeit erfüllet ward, sandte Gott seinen Sohn, geboren von einem Weibe und unter das Gesetz getan." (*LUKAS 2:7*; *OFFENBARUNG 12:5*)
1. MOSE 18:18: „(...) da er (Abraham) doch ein großes und mächtiges Volk werden soll und alle Völker auf Erden in ihm gesegnet werden sollen?"	Verheißener Nachkomme Abrahams	*APOSTELGESCHICHTE 3:25*: „Ihr seid der Propheten und des Bundes Kinder, welchen Gott gemacht hat mit euren Vätern, da Er sprach zu Abraham: «Durch dein Geschlecht sollen gesegnet werden alle Völker auf Erden.»" (*MATTHÄUS 1:1*; *LUKAS 3:34*)
1. MOSE 17:19: „Da sprach Gott: Nein, Sara, deine Frau, wird dir einen Sohn gebären, den sollst du Isaak nennen, und mit ihm will ich meinen ewigen Bund aufrichten und mit seinem Geschlecht nach ihm."	Verheißener Nachkomme Isaaks	*MATTHÄUS 1:2*: „Abraham zeugte Isaak, Isaak zeugte Jakob, Jakob zeugte Juda und seine Brüder." (*LUKAS 3:34*)

PROPHEZEIUNG		ERFÜLLUNG
4. MOSE 24:17: „Ich sehe ihn, aber nicht jetzt; ich schaue ihn, aber nicht von nahem. Es wird ein Stern aus Jakob aufgehen und ein Zepter aus Israel aufkommen und wird zerschmettern die Schläfen der Moabiter und den Scheitel aller Söhne Seths." (1. MOSE 28:14)	Verheißener Nachkomme Jakobs	LUKAS 3:34: „Der war ein Sohn Jakobs, der war ein Sohn Isaaks, der war ein Sohn Abrahams, der war ein Sohn Tharahs, der war ein Sohn Nahors." (MATTHÄUS 1:2)
1. MOSE 49:10 (KJV): „Es wird das Zepter von Juda nicht weichen noch ein Gesetzgeber von seinen Füßen, bis dass Shiloh* komme; und zu ihm werden sich die Völker versammeln."	Wird von Juda abstammen	LUKAS 3:33: „Der war ein Sohn Amminadabs, der war ein Sohn Admins, der war ein Sohn Arnis, der war ein Sohn Hezrons, der war ein Sohn des Perez, der war ein Sohn Judas." (MATTHÄUS 1:2-3)
JESAJA 9:6: „Auf dass seine Herrschaft groß werde und des Friedens kein Ende auf dem Throne Davids und in seinem Königreich, dass er's stärke und stütze durch Recht und Gerechtigkeit von nun an bis in Ewigkeit. Solches wird tun der Eifer des Herrn Zebaoth." (JESAJA 11:1-5; 2. SAMUEL 7:13)	Der Erbe des Thrones David	MATTHÄUS 1:1: „Dies ist das Buch von der Geschichte Jesu Christi, der da ist ein Sohn Davids, des Sohnes Abrahams." (MATTHÄUS 1:6)

PROPHEZEIUNG		ERFÜLLUNG
MICHA 5:1: „Und du, Bethlehem Ephratha, die du klein bist unter den Städten in Juda, aus dir soll mir der kommen, der in Israel Herr sei, dessen Ausgang von und von Anfang Ewigkeit her gewesen ist."	**Geburtsort**	*MATTHÄUS 2:1*: „Da Jesus geboren war zu Bethlehem im jüdischen Lande zur Zeit des Königs Herodes, siehe, da kamen Weise vom Morgenland nach Jerusalem." (*LUKAS 2:4-7*)
DANIEL 9:25 (KJV):"So wisse deshalb und verstehe, dass von der Zeit an, als das Gebot erging, Jerusalem werde wiederhergestellt und aufgebaut werden, bis ein Gesalbter, der Fürst, kommt, indes sieben Wochen; und zweiundsechzig Wochen lang wird die Straße wieder aufgebaut sein, und die Mauer, wiewohl in kummervoller Zeit."	**Geburtszeit**	*LUKAS 2:1-2*: „Es begab sich aber zu der Zeit, dass ein Gebot von dem Kaiser Augustus ausging, dass alle Welt geschätzt würde. (Und diese Schätzung war die allererste und geschah zur Zeit, da Cyrenius Landpfleger in Syrien war.)" (*LUKAS 2:3-7*)
JESAJA 7:14: „Darum wird euch der Herr selbst ein Zeichen geben: Siehe, eine Jungfrau ist schwanger und wird einen Sohn gebären, den wird sie nennen Immanuel."	**Geboren von einer Jungfrau**	*MATTHÄUS 1:18*: „Die Geburt Jesu Christi geschah aber also. Als Maria, seine Mutter, dem Joseph vertrauet war, erfand sich's, ehe er sie heimholte, dass sie schwanger war von dem heiligen Geist." (*LUKAS 1:26-35*)

PROPHEZEIUNG		ERFÜLLUNG
JEREMIA 31:15: „So spricht der Herr: Man hört Klagegeschrei und bitteres Weinen in Rama: Rahel weint über ihre Kinder und will sich nicht trösten lassen über ihre Kinder; denn es ist aus mit ihnen."	Abschlachten von Kindern	MATTHÄUS 2:16: „Da Herodes nun sah, dass er von den Weisen betrogen war, ward er sehr zornig und schickte aus und ließ alle Knäblein zu Bethlehem töten und in der ganzen Gegend, die da zweijährig und darunter waren, nach der Zeit, die er mit Fleiß von den Weisen erkundet hatte." (MATTHÄUS 2:17-18)
HOSEA 11:1 (KJV): : „Als Israel ein Kind war, hatte ich ihn lieb und rief ihn, meinen Sohn, aus Ägypten."	Flucht nach Ägypten	MATTHÄUS 2:14: „Und er stand auf und nahm das Kindlein und seine Mutter zu sich bei der Nacht und entwich nach Ägyptenland." (MATTHÄUS 2:15)
JESAJA 8:23, JESAJA 9:1 (KJV): „Doch es wird nicht dunkel bleiben wie zur Zeit ihres Kummers, als er das Land Sebulon und das Land Naphtali zuerst ein wenig heimgesucht hatte und sie danach schlimmer heimsuchte, durch den Weg am Meer, jenseits des Jordan, im Galiläa der Völker. Das Volk, das im Finstern wandelte, hat ein großes Licht gesehen, und über denen, die da wohnen im Lande des Schatten des Todes, scheint das Licht."	Dienst in Galiläa	MATTHÄUS 4:12-16: „Da nun Jesus hörte, dass Johannes gefangen gelegt (ausgeliefert) war, zog er in das galiläische Land und verließ die Stadt Nazareth, kam und wohnte zu Kapernaum, das da liegt am See im Lande Sebulon und Naphtali; auf dass erfüllt würde, was da gesagt ist durch den Propheten Jesaja, der da spricht: «Das Land Sebulon und das Land Naphtali, die Straße am See, das Land jenseits des Jordan, das heidnische Galiläa, das Volk, das in Finsternis saß, hat ein großes Licht gesehen; und die da saßen am Ort und Schatten des Todes, denen ist ein Licht aufgegangen.»"

PROPHEZEIUNG		ERFÜLLUNG
5. MOSE 18:15: „Einen Propheten wie mich wird dir der Herr, dein Gott, erwecken aus dir und deinen Brüdern; dem sollt ihr gehorchen."	Ein Prophet	*JOHANNES 6:14:* „Da nun die Menschen das Zeichen sahen, das Jesus tat, sprachen sie: Das ist wahrlich der Prophet, der in die Welt kommen soll." (*JOHANNES 1:45; APOSTELGESCHICHTE 3:19-26*)
PSALM 110:4: „Der Herr hat geschworen, und es wird ihn nicht gereuen: Du bist ein Priester ewiglich nach der Weise Melchisedeks	Ein Priester wie Melchisedek	*HEBRÄER 6:20:* „Dahin ist als Vorläufer für uns eingegangen Jesus, der ein Hohepriester geworden ist in Ewigkeit nach der Ordnung Melchisedeks." (*HEBRÄER 5:5-6;HEBRÄER 7:15-17*)
JESAJA 53:3 (KJV):"Er ist verachtet und verschmäht von den Menschen; ein Mensch voller Sorgen und vertraut mit Kummer, und wir verbargen unser Angesicht vor ihm; er war verachtet, darum haben wir ihn für nichts geachtet." (*PSALM 2:2*)	Seine Zurückweisung durch die Juden	*JOHANNES 1:11:* „Er kam in sein Eigentum, und die Seinen nahmen ihn nicht auf." (*JOHANNES 5:43; LUKAS 4:29; LUKAS 17:25; LUKAS 23:18*)
JESAJA 11:2: „Auf ihm wird ruhen der Geist des Herrn, der Geist der Weisheit und des Verstandes, der Geist des Rates und der Stärke, der Geist der Erkenntnis und der Furcht des Herrn." (*PSALM 45:7; JESAJA 11:3-4*)	Einige Seiner Merkmale	*LUKAS 2:52:* „Und Jesus nahm zu an Weisheit, Alter und Gnade bei Gott und den Menschen." (*LUKAS 4:18*)

PROPHEZEIUNG		ERFÜLLUNG
SACHARJA 9:9 (KJV): „Freue dich sehr, du Tochter Zion; rufe, du Tochter Jerusalem! Siehe, dein König kommt zu dir, er ist gerecht und hat Erlösung, niedrig und reitet auf einem Esel, auf einem Füllen der Eselin." (*JESAJA 62:11*)	Sein glorreicher Einzug	*JOHANNES 12:13-14*: „Nahmen sie Palmenzweige und gingen hinaus ihm entgegen und schrien: Hosianna! Gelobt sei, der da kommt in dem Namen des Herrn, der König von Israel! Jesus aber fand ein Eselsfüllen und ritt darauf; wie denn geschrieben steht." (*MATTHÄUS 21:1-11; JOHANNES 12:12*)
PSALM 41:10 (KJV): „Auch mein bester Freund, dem ich vertraute, der mein Brot aß, hat seine Ferse gegen mich erhoben."	Durch einen Freund verraten	*MARKUS 14:10*: „Und Judas Ischarioth, einer von den Zwölfen, ging hin zu den Hohepriestern, dass er ihn an sie verriete." (*MATTHÄUS 26:14-16; MARKUS 14:43-45*)
SACHARJA 11:12: „Und ich sprach zu ihnen: Gefällt's euch, so gebt her meinen Lohn; wenn nicht, so lasst´s bleiben. Und sie wogen mir den Lohn dar, dreißig Silberstücke." (*SACHARJA 11:13*)	Für dreißig Silberstücke verkauft	*MATTHÄUS 26:15*: „und sprach: Was wollt ihr mir geben? Ich will ihn euch verraten. Und sie boten ihm dreißig Silberlinge." (*MATTHÄUS 27:3-10*).

PROPHEZEIUNG		ERFÜLLUNG
SACHARJA 11:13 (KJV): „Und der Herr sprach zu mir: Wirf's hin dem Töpfer! Ein trefflicher Preis, dessen ich wertgeachtet bin von ihnen! Und ich nahm die dreißig Silberstücke und warf sie ins Haus des Herrn, dem Töpfer hin."	**Geld wird für einen Töpfers Acker zurückgegeben**	*MATTHÄUS 27:6-7:* „Aber die Hohepriester nahmen die Silberlinge und sprachen: Es ist nicht erlaubt, dass wir sie in den Gotteskasten legen; denn es ist Blutgeld. Sie hielten aber Rat und kauften dafür den Töpferacker zum Begräbnis der Fremden." (*MATTHÄUS 27:3-5; MATTHÄUS 27:8-10*)
PSALM 109:7-8: „Wenn er gerichtet wird, soll er schuldig gesprochen werden, und sein Gebet werde zur Sünde. Seiner Tage sollen wenige werden, und sein Amt soll ein anderer empfangen."	**Judas' Amt soll ein anderer übernehmen**	*APOSTELGESCHICHTE 1:18-20:* „Dieser hat erworben einen Acker um den Lohn für seine Ungerechtigkeit und stürzte vornüber und ist mitten entzwei geborsten und all sein Eingeweide ausgeschüttet. Und es ist kund geworden allen, die zu Jerusalem wohnen, so dass dieser Acker genannt wird auf ihre Sprache: Akeldamach, das heißt Blutacker. Denn es steht geschrieben im Psalm Buch: Seine Behausung müsse wüste werden, und sei niemand, der darin wohne, und: Sein Amt empfange ein anderer." (*APOSTELGESCHICHTE 1:16-17; MATTHÄUS 27:3-10*)

PROPHEZEIUNG		ERFÜLLUNG
PSALM 27:12 (KJV): „Gib mich nicht preis dem Willen meiner Feinde! Denn es stehen falsche Zeugen wider mich auf, und sie atmen Grausamkeit aus." (PSALM 35:11)	Falsche Zeugen beschuldigen Ihn	MATTHÄUS 26:60-61 (KJV): „aber fanden keins! Und wiewohl viele falsche Zeugen kamen, fanden sie doch keins. Zuletzt kamen zwei falsche Zeugen. Und sprachen: Dieser Mensch hat gesagt: Ich kann den Tempel Gottes zerstören und ihn in drei Tagen aufbauen."
JESAJA 53:7: „Als er gemartert ward, litt er doch willig und tat seinen Mund nicht auf wie ein Lamm, das zur Schlachtbank geführt wird; und wie ein Schaf, das verstummt vor seinem Scherer, tat er seinen Mund nicht auf." (PSALM 38:14-15)	Stumm bei der Anklage	MATTHÄUS 26:62-63: „Und der Hohepriester stand auf und sprach zu ihm: Antwortest du nichts zu dem, was diese wider dich zeugen? Aber Jesus schwieg stille. Und der Hohepriester sprach zu ihm: Ich beschwöre dich bei dem lebendigen Gott, dass du uns sagest, ob du seist der Christus, der Sohn Gottes." (MATTHÄUS 27:12-14)
JESAJA 50:6: „Ich bot meinen Rücken dar denen, die mich schlugen, und meine Wangen denen, die mich rauften. Mein Angesicht verbarg ich nicht vor Schmach und Speichel."	Wurde geschlagen und angespuckt	MARKUS 14:65: „Da fingen etliche an, ihn anzuspeien und sein Angesicht zu verdecken und ihn mit Fäusten zu schlagen und zu ihm zu sagen: Weissage uns! Und die Knechte schlugen ihn ins Angesicht." (MARKUS 15:17; JOHANNES 19:1-3; JOHANNES 18:22)

PROPHEZEIUNG		ERFÜLLUNG
PSALM 69:5 (KJV): „Die mich ohne Grund hassen, sind mehr, als ich Haare auf dem Haupte habe. Die mich verderben wollen und zu Unrecht meine Feinde sind, sind mächtig; so gab ich nicht wieder zurück, was ich geraubt hatte." (*PSALM 109:3-5*)	Wurde ohne Grund gehasst	*JOHANNES 15:23-25:* „Wer mich hasset, der hasset auch meinen Vater. Hätte ich nicht die Werke getan unter ihnen, die kein anderer getan hat, so hätten sie keine Sünde. Nun aber haben sie es gesehen und hassen doch beide, mich und meinen Vater. Doch muss erfüllt werden der Spruch, in ihrem Gesetz geschrieben: «Sie hassen mich ohne Ursache.»„
JESAJA 53:4-5 (KJV):"Fürwahr, er trug unseren Kummer und lud auf sich unsere Sorgen. Wir aber hielten ihn für den, der geplagt und von Gott geschlagen und gemartert wäre. Aber er ist um unsrer Übertretungen willen verwundet und um unsrer Sünde willen zerschlagen worden. Die Strafe war auf ihm, auf dass wir Frieden hätten, und durch seine Wunden sind wir geheilt." (*JESAJA 53:6,12*)	Litt stellvertretend	*MATTHÄUS 8:16-17:* „Am Abend aber brachten sie viele Besessene zu ihm; und er trieb Geister aus durch sein Wort und machte alle Kranken gesund, auf dass erfüllt würde, was gesagt ist durch den Propheten Jesaja, der da spricht: Er hat unsre Schwachheit auf sich genommen, und unsre Krankheit hat er getragen." (*RÖMER 4:25; 1. KORINTHER 15:3*)

PROPHEZEIUNG		ERFÜLLUNG
JESAJA 53:12: „Darum will ich ihm die Vielen zur Beute geben, und er soll die Starken zum Raube haben, dafür dass er sein Leben in den Tod gegeben hat und den Übeltätern gleichgerechnet ist und er die Sünde der Vielen getragen hat und für die Übeltäter gebeten."	Mit Sündern gekreuzigt	*MATTHÄUS 27:38* (KJV):"Und da wurden zwei Diebe mit ihm gekreuzigt, einer zur Rechten und einer zur Linken." (*MARKUS 15:27-28; LUKAS 23:33*)
PSALM 22:17: „Denn Hunde haben mich umgeben, und der Bösen Rotte hat mich umringt; sie haben meine Hände und Füße durchgraben." (*SACHARJA 12:10*)	Hände und Füße durchbohrt	*JOHANNES 20:27*: „Danach spricht er zu Thomas: Reiche deinen Finger her und siehe meine Hände und reiche deine Hand her und lege sie in meine Seite und sei nicht ungläubig, sondern gläubig!" (*JOHANNES 19:37; JOHANNES 20:25-26*)
PSALM 22:7-9: „Ich aber bin ein Wurm und kein Mensch, ein Spott der Leute und verachtet vom Volke. Alle, die mich sehen, verspotten mich, sperren das Maul auf und schütteln den Kopf: «Er klage es dem Herrn, der helfe ihm heraus und rette ihn, hat er Gefallen an ihm.»"	Verspottet und verlästert	*MATTHÄUS 27:39-40*: „Die aber vorübergingen, lästerten ihn und schüttelten ihre Köpfe und sprachen: Der du den Tempel zerbrichst und baust ihn in drei Tagen, hilf dir selber! Bist du Gottes Sohn, so steig herab vom Kreuz!" (*MATTHÄUS 27:41-44; MARKUS 15:29-32*)

PROPHEZEIUNG		**ERFÜLLUNG**
PSALM 69:22 (KJV):"Sie geben mir auch Galle als mein Fleisch und Essig zu trinken für meinen Durst."	Bekommt Galle und Essig	*JOHANNES 19:29*: „Da stand ein Gefäß voll Essig. Sie aber füllten einen Schwamm mit Essig und steckten ihn auf einen Ysop und hielten es ihm dar zum Munde." (*MATTHÄUS 27:34,48*)
PSALM 22:9: „Er klage es dem Herrn, der helfe ihm heraus und rette ihn, hat er Gefallen an ihm."	Hört, wie prophetische Worte im Spott wiederholt werden	*MATTHÄUS 27:43*: „Er hat Gott vertraut; der erlöse ihn nun, hat er Lust zu ihm; denn er hat gesagt: Ich bin Gottes Sohn."
PSALM 109:4 „Dafür, dass ich sie liebe, feinden sie mich an; ich aber bete." (*JESAJA 53:12*)	Betet für Seine Feinde	*LUKAS 23:34*: „Jesus aber sprach: Vater, vergib ihnen; denn sie wissen nicht, was sie tun! Und sie teilten seine Kleider und warfen das Los darum."

PROPHEZEIUNG		ERFÜLLUNG
SACHARJA 12:10: „Aber über das Haus David und über die Bürger Jerusalems will ich ausgießen den Geist der Gnade und des Gebets. Und sie werden mich ansehen, den sie durchbohrt haben, und sie werden um ihn klagen, wie man klagt um ein einziges Kind, und werden sich um ihn betrüben, wie man sich betrübt um den Erstgeborenen."	Seine Seite wird durchbohrt	JOHANNES 19:34: „Sondern der Kriegsknechte einer öffnete seine Seite mit einem Speer, und alsbald ging Blut und Wasser heraus."
PSALM 22:19: „Sie teilen meine Kleider unter sich und werfen das Los um mein Gewand."	Soldaten werfen das Los um Seinen Mantel	MARKUS 15:24: „Und sie kreuzigten ihn. Und sie teilten seine Kleider und warfen das Los darum, wer was bekäme." (JOHANNES 19:24)
PSALM 34:21: „Er bewahrt ihm alle seine Gebeine, dass nicht eines zerbrochen wird." (2. MOSE 12:46)	Nicht ein Knochen wird zerbrochen	JOHANNES 19:33: „Als sie aber zu Jesus kamen und sahen, dass er schon gestorben war, brachen sie ihm die Beine nicht."

PROPHEZEIUNG		ERFÜLLUNG
JESAJA 53:9 (KJV):"Und er machte sein Grab bei den Übeltätern und bei den Reichen in seinem Tode; wiewohl er keine Gewalt getan hatte und kein Betrug in seinem Munde war."	**Wird mit den Reichen begraben**	*MATTHÄUS 27:57-60*: „Am Abend aber kam ein reicher Mann von Arimathia, der hieß Joseph, welcher auch ein Jünger Jesu war. Der ging zu Pilatus und bat ihn um den Leib Jesu. Da befahl Pilatus, man sollte ihm ihn geben. Und Josef nahm den Leib und wickelte ihn in eine reine Leinwand und legte ihn in sein eigenes Grab, welches er in einen Fels hatte hauen lassen …"
PSALM 16:10 (KJV): „Denn du wirst meine Seele nicht in der Hölle lassen, noch wirst du dulden, dass dein Heiliger die Verwesung sehe." (*MATTHÄUS 16:21*)	**Seine Auferstehung**	*MATTHÄUS 28:9* (KJV): „Und als sie gingen, um es seinen Jüngern zu sagen, siehe, da begegnete ihnen Jesus und sprach: Seid gegrüßt! Und sie kamen und umfassten seine Füße und fielen vor ihm nieder." (*LUKAS 24:36-48*)
PSALM 68:19 (KJV):"Du bist aufgefahren zur Höhe, du hast die Gefangenschaft gefangen geführt; du hast Gaben empfangen für die Menschen, ja, auch für die Rebellischen, auf dass Gott der Herr unter ihnen wohnen möge."	**Seine Himmelfahrt**	*LUKAS 24:50-51*: „„Er führte sie aber hinaus bis nach Bethanien und hob die Hände auf und segnete sie. Und es geschah, da er sie segnete, schied er von ihnen und fuhr auf gen Himmel." (*APOSTELGESCHICHTE 1:9*)

über einen königlichen Messias	Prophezeiungen	über einen leidenden Messias
PSALM 2:6-8, *PSALM 68:19,* *PSALM 118:22*		*PSALM 22:18, PSALM 69:22*
JESAJA 9:5-6, JESA- *JA 32:1-3, JESAJA 42:1-4*		*JESAJA 50:6, JESAJA 52:14,* *JESAJA 53:1-10*
JEREMIA 23:5		*DANIEL 9:26*
DANIEL 2:44		*SACHARJA 11:12, SACHAR-* *JA 12:10, SACHARJA 13:7*
MICHA 5:1		
SACHARJA 6:12-13, *SACHARJA 9:9-10*		
MALEACHI 3:1		

Die Erfüllung der Berufung Israels als ‚Licht für die Nationen‘ und als ‚Königreich von Priestern‘ ist undenkbar, ohne dass sie Ihrem MESSIAS begegnen und ER selbst diese Berufung in ihnen ‚im Geist und in der Wahrheit‘ freisetzt.

Aber die Stunde kommt und ist schon da,
wo die wahren Anbeter den Vater im Geist
und in der Wahrheit anbeten werden;
denn der Vater sucht solche Anbeter.

(Johannes 4, Vers 23)

In den messianischen Gemeinden Israels gibt es heute bereits mehr Juden, die aus alten Priesterfamilien – Koahnim – stammen, als andere Juden. Kohanim waren zur Zeit des Jerusalemer Tempels die Priester, die den Dienst am Altar ausübten. Es ist ein prophetisches Zeichen. GOTT weckt die Priester in SEINEM Volk wieder auf!

Dazu ist kein Tempel in Jerusalem mehr notwendig, da die Gläubigen selbst durch die Neugeburt im Geist zum lebendigen Tempel GOTTES werden...

Oder wisst ihr nicht, dass euer Leib ein Tempel des in
euch wohnenden Heiligen Geistes ist, den ihr von Gott
empfangen habt, und dass ihr nicht euch selbst gehört?
Denn ihr seid teuer erkauft; darum verherrlicht Gott in
eurem Leib und in eurem Geist, die Gott gehören!

(1. Korinther 6, Verse 19 und 20)

so lasst auch ihr euch nun als lebendige Steine aufbauen,
als ein geistliches Haus, als ein heiliges Priestertum, um
geistliche Opfer darzubringen, die Gott wohlgefällig
sind durch Jesus Christus.

(1. Petrus 2, Vers 5)

Heute erleben wir, wie immer mehr Sabres – im Land Israel Geborene – und Juden in den Nationen JESCHUA als ihren MESSIAS erkennen und ‚im Glauben annehmen‘.

Wir kommen in eine Zeit, wo GOTT messianische Leiter und Gläubige zu allen Nationen senden wird, das Evangelium in der Kraft des Heiligen Geistes zu verkündigen und den Nationen als königliche Priester in vollmächtiger Fürbitte zu dienen.[B]

Das war jetzt schon mal so Einiges an Hintergrundwissen und Hinweisen. Doch ich sage dir, wir haben erst ‚an der Oberfläche gekratzt‘. Doch es scheint mir nicht unwichtig, die Menschen zu kennen, die unserem VATER so wichtig sind. Auch sollten wir schon wissen, wovon wir denn die ‚Miterben‘ sind von denen Paulus in Römer 8, im Vers 17 spricht – und wer ist denn eigentlich ‚der Haupterbe‘?

ANTWORTEN AUF EINE VERDRÄNGTE FRAGE

Warum sollten wir ‚Christen aus den Nationen‘ ohne ‚Wenn und Aber‘ Freunde Israels sein?

✓ Weil GOTT einen immer während Vertrag mit den Nachkommen von Abraham, Isaak und Jakob machte.

- ✓ Weil GOTT SEINE Treue zu SEINEM Vertrag durch Bewahren der Juden als ein identifizierbares Volk vor IHM demonstriert hat.
- ✓ Weil unsere Rettung allein durch das jüdische Volk gekommen ist.
- ✓ Weil das jüdische Volk während der Zeit seiner Zerstreuung hauptsächlich von Leuten, die sich Christen nannten, schändlich behandelt wurde.
- ✓ Weil das jüdische Volk in Erfüllung der biblischen Prophezeiungen in seinem Land wiederhergestellt ist.
- ✓ Weil der wiederhergestellte jüdische Staat mit Jerusalem als Hauptstadt der Sitz der Regierung des MESSIAS bei SEINER Wiederkehr sein wird.
- ✓ Weil GOTTES PLAN Israel zu einem Segen für die Araber macht, für die auch wir beten.

Worte – nichts als Worte!

Außerdem nützt uns diese Menge an Informationen herzlich wenig, ...

> *...wenn der HERR nicht das Haus baut,*
> *dann arbeiten umsonst, die daran bauen;*
>
> (Johannes 4, Vers 23)

Unsere jüdische Wurzel

Durch das Abschneiden seiner jüdischen Wurzeln konnten sich sehr viele Täuschungen, Verdrehungen und Irrtümer in die Basis unseres christlichen Glaubens einschleichen. Als ich noch ‚Namenschrist‘ war, spielte das keinerlei Rolle für mich – ich hatte sowieso keine Ahnung, worum es geht. Nachdem ich dann mein Leben dem Herrn JESUS anvertraut hatte, war ich noch viele Jahre ein ‚christlicher Säugling‘ und ahnte nicht im Entferntesten, was GOTT mit mir vorhaben könnte – und das war auch sehr gut so…

Liebe Brüder und Schwestern! Ich konnte allerdings zu euch nicht wie zu Menschen reden, die sich vom Geist Gottes leiten lassen1 und im Glauben erwachsen sind. Ihr wart noch wie kleine Kinder, die ihren eigenen Wünschen folgen.

Darum habe ich euch nur Milch und keine feste Nahrung gegeben, denn die hättet ihr gar nicht vertragen. Selbst jetzt vertragt ihr diese Nahrung noch nicht;

denn ihr lebt immer noch so, als würdet ihr Christus nicht kennen. Beweisen Eifersucht und Streit unter euch nicht, dass ihr immer noch von eurer selbstsüchtigen Natur bestimmt werdet und wie alle anderen Menschen denkt und lebt?

Wenn die einen unter euch sagen: »Wir gehören zu Pau-
lus!«, und andere: »Wir halten uns an Apollos!«, dann be-
nehmt ihr euch, als hätte Christus euch nicht zu neuen
Menschen gemacht.

(1.Korinther 3, Vers 1 bis 4 / HfA)

Wenn mir damals nämlich irgendjemand gesagt hätte, dass ich Filme machen werde, Bücher schreibe und vor
vielen Menschen über die Wurzeln des christlichen Glaubens frei sprechen soll, hätte ich mich, ohne lange zu
überlegen, mit irgendeiner – meine Angst überspielenden
– humorvollen Bemerkung umgedreht und wäre gegangen; mit dem Gedanken:

„Das ist nichts für dich; weil, das schaffst du niemals."

Heute bin ich dankbar, dass ich die ersten Jahre – wie
Paulus sagt – ‚nur Milch und keine feste Nahrung' bekommen habe. Unser Vater weiß, was wir benötigen, ehe
wir ihn darum bitten! Ich habe gelernt, IHM zu vertrauen!

Doch zurück zu unserem Thema!

Wie gesagt - durch das Abschneiden der jüdischen
Wurzel, bereits bei den Kirchenvätern, wird es uns einige
Mühe und viel Gebet ‚kosten', die Verbindung zu unseren
jüdischen Wurzeln wiederherzustellen.

In einem Vortrag zu diesem Thema hörte ich neulich
einmal jemanden sagen, dass es ‚Schritte der Buße' bedür-
fe, um in dieser Richtung voran zu kommen und verwies
dabei auf die entsprechende Aufforderung von Johannes,
dem Täufer, im Matthäus-Evangelium…

In jenen Tagen aber erscheint Johannes der Täufer
und verkündigt in der Wüste von Judäa

und spricht: Tut Buße,
denn das Reich der Himmel ist nahe herbeigekommen!

(Matthäus 3,Vers 1 und 2)

Ja, - ok – wir müssen Buße tun. Das kann ich sofort unterschreiben und sage ganz laut: „Der Bruder hat Recht!!!"

Doch, bevor wir uns daranmachen können ‚in Sachen Israel‘ Buße zu tun – was wir wirklich sehr dringend machen sollten und womit du durch die Lektüre dieses Buches bereits begonnen hast – wollen wir noch kurz fragen, was heißt denn das eigentlich – ‚Buße tun‘?

Wozu werde ich da aufgefordert? Muss ich irgendeine Schuld abtragen? Soll ich irgendetwas wieder gut machen – irgendeine Schuld ‚bezahlen‘?

Dieser Begriff – dieses Wort wird von Christen häufig völlig missverstanden. Das liegt daran, dass das Wort ‚Buße‘ im heutigen Sprachgebrauch eine andere Bedeutung bekommen hat und zum Beispiel für Geldstrafen bei Rechtsverstößen verwendet wird. Wer bei roter Ampel über eine Kreuzung fährt; wer falsch parkt oder die zulässige Höchstgeschwindigkeit überschreitet, wird mit einem **Buß**geld bestraft.

Die Bedeutung von ‚etwas bezahlen‘, oder ‚eine Schuld abtragen‘, hat das in der Bibel gebrauchte Wort ‚Buße‘ allerdings nicht! ‚Buße tun‘ bedeutet auch nicht, eine besonders schwere-, oder schmerzhafte körperliche Übung zu absolvieren, um sein eigenes schlechtes Gewissen zu beruhigen.

Es ist auch keine Buße, wenn man je nach Geldbeutel zehn, oder tausend Euro der Inneren Mission, der Caritas oder der Welthungerhilfe spendet.

Nun weißt du, was Buße nicht ist.

Aber was bedeutet Buße denn nun wirklich?

GOTTES Wort gibt uns die gültige Antwort! Die Bibel macht uns anhand vieler Stellen klar, dass Buße ‚Sinnesänderung‘ oder anders ausgedrückt die ‚Herzensrichtung ändern – den inneren Kurs wechseln‘ bedeutet.

Bei diesem ‚Glaubensakt‘ änderst du deine Meinung über Israel, über die Juden und über alldem, was du damit zu tun hast. Im hellen Scheinwerfer der Bibel erkennst du die ganze Sündhaftigkeit deines bisherigen Israel- und Juden-Bildes. Du begreifst den hoffnungslos verdorbenen Zustand vor unserem GOTT, der sich eben genau ‚dieses Israel‘ – und ‚diese Juden‘ erwählt hat, die einigen von uns sooooowas von egal sind – hoffentlich nicht mehr lange.

Und nun stell dir vor – genau bei denen bist du – und ich – eigepfropft! Comprende???

Da bekannte ich dir meine Sünde
und verbarg meine Schuld nicht; ich sprach:
„Ich will dem HERRN meine Übertretungen bekennen!“
Da vergabst du mir meine Sündenschuld. (Sela.)

(Psalm 32, Vers 5)

Jetzt wäre eigentlich ein guter Zeitpunkt, dass du mal mit unserem VATER sprichst. Ich meine das ganz im ernst. Vielleicht könntest du IHM sagen, dass du bisher einiges nicht richtig gesehen hast, was mit dem Volk Israel zusammenhängt, das IHM doch so wichtig ist – mit dem ER noch soviel vorhat.

Bitte IHN doch einfach, dir dabei zu helfen. Bitte IHN, dir begreiflich zu machen, was SEIN Wille ist – schließlich beten wir doch immer „...DEIN Wille geschehe!“

Und wenn du dann damit fertig bist, komm bitte gleich wieder her und lies weiter – es gibt noch einiges, was ich dir erzählen möchte.

JESCHUA-JESUS-RETTER-ERLÖSER – JA, WIE DENN NUN?

Wie ist eigentlich dein Bild von unserem-, von deinem HERRN, vom KÖNIG DER KÖNIGE, dem ERLÖSER, RETTER, JESCHUA HAMASCHIACH?

Ist ER für dich etwa auch dieser ‚EIA-POPEIA-DU-HAST-MICH-JA-SO-LIEB-JESUS‘? Ist ER dieser JESUS, über den wir uns immer so nett im Hauskreis unterhalten – bei Kartoffelchips und Keksen?

Was denkst du? Ist JESUS in erster Linie ‚dein ganz persönlicher Heiland‘ und ‚dein bester Freund‘?

Natürlich ist JESUS dein ganz persönlicher Heiland, doch in erster Linie ist JESUS ‚DER HERR‘, der SOHN GOTTES; der HERR ÜBER GOTTES KÖNIGREICH, der mit SEINEM mächtigen Wort das ganze Universum in seiner Ordnung hält.

Wenn JESUS mit der Macht SEINES Wortes dem Universum seine Ordnung entzieht, stürzt alles ins Chaos! Ein Wort von IHM und ‚das war´s!

Genau dieser JESUS ist weit erhoben über alle Mächte unserer sichtbaren- und der unsichtbaren Welt...

Darum hat ihn Gott auch über alle Maßen erhöht
und ihm einen Namen verliehen, der über allen Namen ist,
damit in dem Namen Jesu sich alle Knie derer beugen,

die im Himmel und auf Erden und unter der Erde sind,
und alle Zungen bekennen, dass Jesus Christus der Herr ist,
zur Ehre Gottes, des Vaters.

(Philipper 2, Verse 10-11)

JESUS CHRISTUS, der HERR, zu dem du jederzeit kommen kannst – DER dich zuerst geliebt hat – DER für dich bereits Wohnungen beim VATER vorbereitet hat – genau dieser JESUS ist zugleich auch dein RICHTER, vor dem du irgendwann Rechenschaft abzulegen hast.

Dieser JESUS wirkte damals in der Umgebung des pharisäischen Judentums als Rabbi mit SEINEN Schülern: JESUS bildete nicht vordringlich deren Verstand aus, sondern prägte ihren Charakter und ihren Glauben, betrieb Herzensbildung, indem ER sie Anteil nehmen ließ an allen SEINEN Lebensvollzügen.

JESUS war zuerst zum Volk Israel gesandt und hatte nur Juden als Nachfolger und Apostel.

JESUS hatte eine jüdische Mutter und rechtlich gesehen einen jüdischen Vater bzw. Vormund aus der Sippe Davids, in deren Haus mit großer Wahrscheinlichkeit die pharisäische Praxis jüdischen Glaubens praktiziert wurde: JESUS wuchs in Weisheit, im Verständnis des Wortes GOTTES und in Gunst bei GOTT und den Menschen auf.

JESUS wurde geboren in Judäa als Jude, am 8. Tag beschnitten und hatte SEINE Bar Mizwa mit 13 Jahren.

JESUS sah vielleicht eher wie die heutigen sephardischen Juden aus: schwarze Haare, dunkle Augen und dunkler Teint. Auf keinen Fall war ER blond und blauäugig, wie ER auf unseren europäischen Darstellungen häufig gezeigt wird.

JESUS ging nicht wie gewohnt am Sonntag in die Sonntagsschule, sondern am Sabbat in die Synagogen-Versammlung. ER hörte ständig das Wort GOTTES und erlebte die Gebete SEINER Eltern.

JESUS ist der gekommene ‚MESSIAS Israels‘, welcher als ‚LEIDENDER GOTTESKNECHT ISRAELS‘ erniedrigt, verachtet, gequält und grausam am Kreuz ermordet wurde. ER ist der wiederkommende MESSIAS ISRAELS, der Israel aufrichten- und die Nationen richten wird.

SCHRIFTVERSTÄNDNIS MIT JÜDISCHEN WURZELN

Dein individualistisches Schriftverständnis muss von der Sicht umfangen sein, dass GOTTES WORT an SEIN VOLK gerichtet ist.

Dabei steht nicht deine persönliche Auslegung der Schrift im Vordergrund, in der es vielleicht heißt: „Danke lieber Vater – sehr gern nehme ich DEINE Verheißungen für mich und mein Leben in Anspruch – Danke!“

Du hast nun schon eine ganze Menge in diesem Buch gelesen und weißt wahrscheinlich bereits von selbst, dass wir dahin kommen müssen (Buße/Sinneswandel) zu denken, zu fühlen, zu sehnen und zu beten: „Ich nehme GOTTES Verheißungen für ‚SEIN Volk‘ auch für mich und mein Leben in Anspruch“ – was du als eingepfropfter Ölzweig ja auch darfst und sollst, weil du ‚Miterbe‘ bist!

Bei individualistischer Sicht der Bibel gibt es bei dir kein Interesse, nach den wirklichen Adressaten des Schriftwortes zu fragen. Doch in der Regel ist das ‚Volk

Israel' der Adressat: GOTT spricht in eine bestimmte Situation zu SEINEM VOLK.

Es kann und darf keine abwertende Behandlung des ‚Alten Testaments' – des Tenach als ‚überholtes Testament' geben. Diese Sichtweise ist einfach nur falsch! Außerdem hätte es katastrophale Folgen für dein Glaubensleben und du würdest mit 100prozentiger Sicherheit in die Irre gehen. Überleg doch mal – für JESUS und die ersten jüdischen Gläubigen war der Tenach die einzige ‚Heilige Schrift', die sie hatten – wenn sie von ‚Der Schrift' sprachen, meinten sie also das, was heute in unserem ‚Alten Testament' steht.

Ihr sollt nicht meinen, dass ich gekommen sei,
um das Gesetz oder die Propheten aufzulösen.
Ich bin nicht gekommen, um aufzulösen,
sondern um zu erfüllen!

Denn wahrlich, ich sage euch:
Bis Himmel und Erde vergangen sind,
wird nicht ein Buchstabe
noch ein einziges Strichlein vom Gesetz vergehen,
bis alles geschehen ist.

(Matthäus 5, Vers 17)

Eine solche gleichnishafte Auslegung der Schrift, die alle Verheißungen an Israel einfach auf ‚die Kirche' – oder auf dich – überträgt, ist unzulässig!

Wenn ‚Schrift' allegorisch – also gleichnishaft – ausgelegt wird, kann darauf niemals eine unumstößliche Aussage gegründet werden.

Das Schriftwort darf nicht (nie!!!) aus seinem Zusammenhang herausgerissen werden. In der Synagoge wurden und werden immer ‚ganze Textabschnitte' aus der

Tora, den Propheten und Schriften gelesen. Das macht man dort nicht zufällig.

Weder Gelehrtenlatein und intellektuelle Spitzfindigkeiten, sondern das praktische Umsetzen – in ehrfürchtigem Gehorsam vor GOTT – steht im Vordergrund. Das gilt nicht nur auf deiner persönlichen Ebene, sondern auch in der Familie, in den Gottesdiensten und Hauskreistreffen und in der ganzen Gesellschaft: Es geht ausschließlich um ‚das Erkennen des Willens GOTTES‘ – das ‚Verkündigen des unverfälschten Willens GOTTES‘ – und vor allem anderen um ‚das Handeln‘ entsprechend dem Willen GOTTES!

WIE VERHALTE ICH MICH EINEM JUDEN GEGENÜBER

Wir ‚Christen aus den Nationen‘ haben den Juden gegenüber keinen einzigen Grund, uns in irgendeiner Weise überlegen zu fühlen…

so überhebe dich nicht gegen die Zweige!
Überhebst du dich aber, [so bedenke]:
Nicht du trägst die Wurzel, sondern die Wurzel trägt dich!

(Römer 11, Vers 18)

Ganz recht!
Um ihres Unglaubens willen sind sie ausgebrochen worden;
du aber stehst durch den Glauben.
Sei nicht hochmütig, sondern fürchte dich!

Denn wenn Gott die natürlichen Zweige nicht verschont hat,
könnte es sonst geschehen, dass er auch dich nicht verschont.

(Römer 11, Verse 20 und 21)

Den ganzen Reichtum unseres Glaubens, einschließlich des MESSIAS, hat uns GOTT durch Israel geschenkt.

die Israeliten sind, denen die Sohnschaft
und die Herrlichkeit und die Bündnisse gehören
und die Gesetzgebung und der Gottesdienst
und die Verheißungen;
ihnen gehören auch die Väter an,
und von ihnen stammt dem Fleisch nach der Christus,
der über alle ist, hochgelobter Gott in Ewigkeit. Amen!

(Römer 9, Verse 4 und 5)

Doch unseren größten Schatz – den MESSIAS ISRAELS ‚in uns' – sollten wir in der Begegnung mit Juden nicht unter den Scheffel stellen...

Ihnen wollte Gott bekannt machen, was der Reichtum
der Herrlichkeit dieses Geheimnisses unter den Heiden ist,
nämlich: Christus in euch, die Hoffnung der Herrlichkeit.

(Kolosser 1, Vers 27)

Das bedeutet, wahrhaftig und echt zu sein, unsere ‚Schuld als Deutsche' und als ‚Christen aus den Nationen' ihnen gegenüber zu bekennen – deutlich auf das WORT GOTTES, vor allem den Tenach hinzuweisen und ihnen dann ‚in der Liebe und Barmherzigkeit unseres MESSIAS' zu begegnen.

Wir sollten unseren Blick auf dauerhafte Freundschaften und vertrauensvolle Beziehungen richten, in denen wir von ganzem Herzen Juden dienen – von ihnen lernen und für sie beten.

Aus eigener Erfahrung kann ich bezeugen, dass jüdisch-orthodoxe Freunde offen wurden, freimütig mit mir über den MESSIAS und über Vergebung zu sprechen. Das können Wegmarken für eine persönliche Annahme des MESSIAS für sie sein.

EINS-GEMACHT DURCH DAS BLUT JESU

Heute versteht man unter ‚Judenchristen‘ jüdische Gläubige in den klassischen christlichen Kirchen und Gemeinden.

In der deutschsprachigen Theologie wird jedoch der Begriff weitgehend für Christen verwendet, die in ihrer jüdischen Identität verwurzelt blieben und im Judentum gelebt haben.

‚Messianische Juden‘ – wie sie sich heute selbst bezeichnen – glauben an JESCHUA als den ‚MESSIAS Israels‘ und leben in eigenständigen, meist unabhängigen Gemeinden, die von ihrer jüdischen Identität geprägt sind.

JUDENCHRISTEN

Das christliche Pfingstereignis fand nach Apostelgeschichte Kapitel 2, Vers 1 am jüdischen Fest Schawuot statt. Dieses Fest feiert ‚die Offenbarung der Tora an das Volk Israel‘ und gehört zu den Hauptfesten des Judentums. Damals entstand die zuerst rein judenchristliche Gemeinde.

Die hebräischen Jünger JESU predigten das Evangelium in der jüdischen Öffentlichkeit, und die judenchristliche Gemeinschaft wuchs zwar rasch, wurde aber als eine innerjüdische Sekte wahrgenommen, sowie die alten Pharisäer, Sadduzäer und Essener.

Auch nach der Taufe auf den Namen JESCHUAS behielten die Judenchristen ihr jüdisches religiöses Leben bei. So berichtet die Apostelgeschichte zum Beispiel von täglichem Gebet im Tempel...

Und jeden Tag waren sie beständig und einmütig im Tempel
und brachen das Brot in den Häusern,
nahmen die Speise mit Frohlocken und in Einfalt des Herzens

(Römer 11, Verse 20 und 21)

Die Frage des Umgangs mit dem ‚jüdischen Erbe‘ wurde von den Judenchristen aber nicht einheitlich behandelt. Der Glaube der Judenchristen wurde zwar von der religiösen Führung Israels nicht akzeptiert, ihre jüdische Identität wurde ihnen aber deshalb nicht abgesprochen.

Das Evangelium wurde von den Judenchristen zunächst ausschließlich an ihre hebräischen Landsleute weitergegeben. Als Petrus allerdings die – in der Apostelgeschichte 10 berichtete – Vision empfing und den römischen Hauptmann Kornelius taufte, wurden die evangelistischen Aktivitäten der Judenchristen auch auf die Heiden ausgeweitet. Dies tat der Verkündigung der ‚Guten Nachricht‘ unter den Hebräern allerdings keinen Abbruch. Tausende gläubig gewordener Juden, waren ‚Eiferer für das Gesetz‘

*Sie aber priesen den Herrn, als sie dies hörten; und sie sprachen
zu ihm: Bruder, du siehst, welch große Zahl von Juden gläubig
geworden ist, und alle sind Eiferer für das Gesetz.*

(Apostelgeschichte 21, Vers 20)

Dennoch gab es sehr bald eine heidenchristliche
Mehrheit innerhalb der Christenheit.

MESSIANISCHE JUDEN UND CHRISTEN AUS DEN NATIONEN

Damit wir ‚Christen aus den Nationen‘ die schmerzliche Trennung von den jüdischen Wurzeln unseres Glaubens überwinden können, brauchen wir die Hilfe unserer jüdischen Geschwister. Wir brauchen ihre ‚Innenansicht des WORTES GOTTES‘, aus dem uns so fremden hebräischen Denken- und aus der hebräischen Sprache heraus.

Messianische Leiter und Gläubige haben von GOTT ‚eine besondere Vollmacht‘ Regionen, Städte, ja ganze Nationen freizusetzen. Die Brautgemeinde JESU ist undenkbar ohne die Überwindung und Heilung der ‚Urspaltung‘ zwischen den Juden und uns ‚Christen aus den Nationen‘. GOTT ist dabei, den ‚einen neuen Menschen in CHRISTUS‘ aus Juden und den Nationen vor aller Welt darzustellen...

*Denn Er ist unser Friede, der aus beiden eins gemacht
und die Scheidewand des Zaunes abgebrochen hat,
indem er in seinem Fleisch die Feindschaft,
das Gesetz der Gebote in Satzungen, hinwegtat,
um die zwei in sich selbst*

zu einem neuen Menschen zu schaffen
und Frieden zu stiften,

(Apostelgeschichte 21, Vers 20)

Wir ‚Christen aus den Nationen' müssen erkennen, dass unsere messianischen Geschwister dringend unsere Hilfe benötigen – ganz praktisch und auch finanziell – damit Juden in Israel und anderen Ländern ihren MESSIAS kennen und lieben lernen…

es hat ihnen gefallen, und sie sind es ihnen auch schuldig;
denn wenn die Heiden an ihren geistlichen Gütern
Anteil erhalten haben, so sind sie auch verpflichtet,
jenen in den leiblichen zu dienen.

(Römer 15, Vers 27)

Die Ernte ist groß und der Arbeiter sind wenige (Mt.9:38)!

Du und ich – wir sollten den Juden ‚liebevolle Begleitung und Unterstützung' geben, GOTTES Wege in Israel und anderen Nationen zu gehen und zu entwickeln.

Wir sollten sie kompromisslos unterstützen, ihre Berufung und ihren von GOTT geschenkten Reichtum, als Juden neu zu entdecken – durch den MESSIAS JESCHUA.

Du fragst wie? Hier habe ich ein paar Vorschläge:

- Du könntest deinen nächsten Urlaub im Heiligen Land verbringen und dort mit einer Reisegruppe eine messianische Gemeinde besuchen.
- Du könntest mithelfen, eine Gemeindepartnerschaft zwischen deiner Gemeinde und einer messianischen Gemeinden in Israel herzustellen.
- Du könntest messianische Leiter in deine Gemeinde einladen, um auf diesem Wege für dich und deine Ge-

schwister ‚Lehre und Unterweisung‘ – vor allem über Israel und unsere jüdischen Wurzeln – erhalten.

- Du könntest messianische Gemeinden und ihre Dienste finanziell unterstützen und fördern.
- Du könntest als Volontär in Israel in messianischen Gemeinden und Projekten mitarbeiten.

Als ‚Christ aus den Nationen‘, der von GOTT eine Liebe zu Israel und dem jüdischen Volk empfangen hat, will ich diese Menschen – dieses wunderbare jüdische Volk – im Namen des MESSIAS JESCHUA segnen.

Die frühe Gemeinde war jüdisch.

Die Christenheit entsprang jüdischen Wurzeln und hat nie aufgehört, vom jüdischen Volk abhängig und ihm verpflichtet zu sein!

Aus diesem Grunde glaube ich, dass ‚die Wiedereinsetzung des jüdischen Volkes in das Land von Israel‘ entsprechend dem im WORT GOTTES enthaltenen Versprechen geschehen ist. Und ich glaube auch, dass ‚die Zeit GOTTES, Zion zu bestätigen‘, bereits begonnen hat.

Ich glaube, dass Israel – und zwar die Menschen, das Land und die Nation – das Israel eine GÖTTLICH bestimmte- und absolut glorreiche Zukunft erwartet und dass – ganz ohne Zweifel – der ALLMÄCHTIGE SEIN jüdisches Volk weder zurückgewiesen noch durch irgendjemanden ersetzt hat.

Es ist allerdings leider eine traurige Wahrheit, dass die Mauern und Hindernisse, die heute zwischen Juden und Christen existieren, durch christlichen Antisemitismus und christliche Verfolgung des jüdischen Volkes verursacht wurden.

Obwohl ich glaube, dass unser HERR JESUS sowohl der MESSIAS ISRAELS, als auch der HEILAND DER WELT ist, darf mein- und dein Beistand – der Beistand von uns ‚Christen aus den Nationen' für Israel – nicht von ‚ihrer Annahme' unseres ‚heidenchristlichen Glaubens' abhängig gemacht sein…

Ein Freund liebt zu jeder Zeit,
und als Bruder für die Not wird er geboren.

(Sprüche 17, Vers 17)

Ich weiß aber natürlich ebenso, dass auch die Juden nur dann ‚ewiges Leben' haben, wenn sie JESCHUA als ihren HERRN und GOTT erkennen.

Ich jedenfalls glaube an den jüdischen JESCHUA – meinen geliebten JESUS und ich glaube an ‚das Jüdische' in der Bibel – im ‚Ersten Testament' und im ‚Zweiten Testament'.

✳✳✳

Ich danke GOTT
für SEIN Volk Israel
und alles, was ER uns
durch diese Menschen
geschenkt hat!

Unserem GOTT
gebührt alle Ehre,
alle Anbetung
und all unser Dank,
dass ER SEINE Verheißungen
an SEIN Volk
allesamt einlösen wird!

ER
-der HÜTER ISRAELS-
ER schläft
und schlummert nicht!
SEIN Wort ist die Wahrheit!

AMEN!

Rainer Kretschmer

Die Spur des brüllenden Löwen

Noch heute wirst du mit mir im Paradies sein

MENANDER Verlag
Roman – 318 Seiten
ISBN 978-3-944584-37-9
Preis: € 15,00

Wie schon immer in seinem Leben fing es auch diesmal ganz harmlos an. Bisher hatte Klaus seine kleinen alltäglichen Probleme immer mal eben ‚unter den Teppich' gefegt, weil ihm die Lösung meistens in dem Moment zu aufwendig erschien. Aus den Augen, aus dem Sinn. Dann war der Tag gekommen, an dem ‚unter seinem Teppich' so viele ungelöste Probleme lagen, dass er gar nicht registrierte, wie sehr seine Bewegungsfreiheit deshalb eingeengt war und dass er sich nicht mehr so verhalten konnte, wie er es eigentlich wollte.

Die eine - eigentlich von Klaus als falsch erkannte - Entscheidung erforderte nun weitere ‚eigentlich' falsche Entscheidungen, und so manövrierte sich Klaus tiefer und tiefer in eine ausweglose Situation hinein, in der er die Kontrolle über sein eigenes Leben verlor...

Ein christlicher Thriller, der sehr eindringlich und spannungsgeladen die Geschichte eines Mannes und seiner Familie erzählt, der sich scheinbar ausweglos im Netz islamischer Missionierung verfängt.

www.**menander-verlag**.de

Benjamin Paul Iddings

Toby Thorsen und Lules Ende

Ein phantastisches Abenteuer um Vertrauen und Treue

MENANDER Verlag
Roman - 4. Aufl. - 424 Seiten
ISBN 978-3-944584-00-3
Preis: € 15,90

Keine Fantasy-Geschichte im herkömmlichen Sinne. Es geht nicht um Magie, Märchen und Übernatürliches. Es geht um Vertrauen und Treue.

Es geht um GOTT; um ‚SEIN auserwähltes Volk' - um den andauernden Kampf in der unsichtbaren Welt; um das, was jeden einzelnen Menschen nach dem Tode erwartet und es geht darum, dass Toby Thorsen einen, für die Menschen überlebenswichtigen Auftrag bekommt, der bis zum Ende des letzten Tages im jüdischen Monat Elul *(in Spiegelschrift ‚Lule' - Lule's Ende)* erledigt sein muss.

Die Orte, die Toby dabei aufsucht; die Wesen, die er dabei kennenlernt; die phantastischen Möglichkeiten, die sich ihm immer wieder eröffnen – das alles sind Dinge, von denen jeder irgendwie weiß, oder zumindest vermutet, dass es sie tatsächlich so, oder ähnlich gibt...

Dieses Buch raubt einem den Atem.

Spitzenunterhaltung!

www.menander-verlag.de

Doron Schneider

ISRAEL

mehr als man denkt

WebShop doronschneider.de
Ratgeber - 160 Seiten,
ISBN 978-3-7751-5769-8
Preis: € 10,95

Militäreinsätze bei Nacht und Nebel, Rendezvous mit einer Märchenprinzessin und provokative Glaubens-Fragen…

Doron Schneider erzählt aus seinem abenteuerlichen Leben in Israel.

Sein Herzensanliegen ist es, eine klare Sicht auf ‚das auserwählte Volk' zu vermitteln. Der messianische Jude Doron Schneider agiert als ‚Vermittler eines objektiven Verständnisses des Geschehens in seiner Heimat Israel' – und das im Licht der Bibel.

So antwortet er auch auf provokative Glaubensfragen, wie: „Verraten die Jüdische Feiertage die Wiederkunft Jesu?" oder „Was ist die Rolle der Araber bei der Erlösung der Juden?" und „Wie wird die Kirche mit Israel wiedervereinigt?"

Das hier vorliegende Buch, mit vielen persönlichen- und sehr spannenden Erlebnissen und Erkenntnissen eines echten Israel-Insiders, wird dem Titel in jeder Hinsicht gerecht: ISRAEL ist deutlich mehr, als das, was wir tagtäglich über die Medien erfahren.

Absolut lesenswert!

www.**menander-verlag**.de

Benjamin Paul Iddings
Jenseits des Zorns
Denn sie wissen genau, was sie tun

MENANDER Verlag
Roman - 316 Seiten,
ISBN 978-3-944584-03-4
Preis: € 14,90

Eine trostlose Kindheit im miefigen Kleinstadtmilieu des Heidestädtchens Lönshausen der neunzehnhundertfünfziger Jahre, in der er und seine Geschwister unter den brutalen Attacken der tyrannischen Mutter und der kriminellen Gleichgültigkeit des kapitulierten Vaters litten, legte ein Samenkorn der Minderwertigkeit in seine junge Seele, das aufging und wuchs – und ihn anfällig machte für alles, was Anerkennung versprach…

Trotz verstärkter politischer Integrationsbemühungen dringt der Islam beharrlich und unaufhaltsam in die christlich-humanistisch geprägten Familien Deutschlands ein und hinterlässt dort dramatische Spuren.

Der Roman erzählt mit beeindruckender Detailtreue äußerst packend, plastisch und eindringlich die Geschichte eines Deutschen, der sich ausweglos im Netz islamischer Missionierung verfängt und zu einer grauenvollen Aktion verführen lässt.

www.**menander-verlag**.de

Doron Schneider

ISRAEL
MEHR ALS KIBUTZ UND ORANGEN

WebShop doronschneider.de
Ratgeber – 224 Seiten,
ISBN 978-3-7751-5338-6
Preis: € 11.95

Leuchtende Orangen, wettergegerbte Kameltreiber, urige Kibbuzim. So erleben Touristen Israel. Doch Israel ist weit mehr. Doron Schneider erzählt vom Geheimangriff auf ein Terror-Schiff. Von der Gründung einer Bibelschule im Gefängnis und einer messianischen Gemeinde in der Wüste. Die fesselnden Erlebnisse malen nicht nur ein faszinierendes Bild des Heiligen Landes, sondern werfen auch Licht auf biblische Aussagen über das heutige Israel.

Der Autor lässt den Leser von der ersten Seite an teilhaben, an seinen Erlebnissen und taucht tief ein, in die hebräische Gedankenwelt, die uns verblüffende Erkenntnisse über das auserwählte Volk GOTTES vermitteln.

Dabei gelingt es Doron Schneider vortrefflich, sein Heimatland Israel von einer Seite vorzustellen, die von den Medien weltweit in der Regel ‚übersehen‘ wird. Israel ist tatsächlich mehr, als Krieg und Bomben; mehr als Siedler und Palästinenser – aber auch deutlich mehr als Kibutz und Orangen! Gehen Sie mit dem Autor auf eine unglaubliche Entdeckungsreise…

www.**menander-verlag**.de

Benjamin Paul Iddings
Endlich dünn!
Abschied von 75 ungeliebten Kilos

MENANDER Verlag
Ratgeber – 160 Seiten,
ISBN 978-3-944584-02-7
Preis: € 10,95

Der Kampf gegen die Pfunde schien bereits verloren, als der Autor nach einem 40jährigen Leidensweg durch das „Jo-Jo-Effekt-Land" mit Hilfe einer Magenbypass-Operation doch noch schaffte – er verlor innerhalb weniger Monat sage und schreibe 75 kg Körpergewicht.

Er berichtet humorvoll, wie er es in 40 Jahren von 72 kg auf knapp 160 kg Gewicht gebracht hat und warum er sich zu der Magenbypass-Operation entschloss. Er spricht dabei sehr offen über die Bedenken und Ängste, die es zu überwinden galt, aber auch über das völlig neue Lebensgefühl eines nun wieder Normalgewichtigen.

Ein größerer Teil des Buches gibt ganz konkrete- und praktische Tipps: Wo gibt es Beratung und seriöse Infos? Welche Anträge müssen wie gestellt werden und bei wem? Was ist unbedingt zu beachten und wer übernimmt die Kosten?

Ernährungs-Tipps, Stichwortverzeichnis und Adressen (mit Ansprechpartnern) aller deutschen Adipositas-Zentren runden das Buch ab. Für die, die es angeht, eine echte und wichtige Entscheidungshilfe, um einen Schritt in ein längst vergessenes Lebensgefühl zu wagen.

www.**menander-verlag**.de

ENDNOTEN

[A] Lit. Artikel der jüdischen Internetseite www.hagalil.org

[B] Lit. Marvin R. Wilson: Our father Abraham; Published by Center for Judaic-Christian Studies, Dayton, U.S.A. 1989